Faros de Esperanza

Antología Internacional Homenaje a las Madres

2do. Encuentro MPI y Festival Grito de Mujer
Toluca-México 2018

Colección Grito de Mujer

Faros de Esperanza

Antología internacional homenaje a las madres

Editorial Rosado Fucsia
República Dominicana. 2018

Faros de Esperanza: Antología en homenaje a las madres
2018

ISBN: 978-9945-9075-3-7
http://editorialrosadofucsia.blogspot.com
Email: rosadofucsia@gmail.com

Porque a esta hora ya no hay madre y deudos.
Ya no hay sollozo. Nada, más que un silencio atroz.
Rosario Castellanos

El grito de las madres...
...y el grito ronco y largo de todo lo que alienta
sobre la tierra del martirio.
Carmen Natalia Martínez

Poetas participantes por orden de aparición

Unas palabras

En las orillas del tiempo llora una madre...Medea orquesta sus mejores hechizos, busca remedio para sanarse. ¿Qué magia es esa que puede contra la sangre que derrama una hija? contra la injusticia que pende de su espalda y le recuerda que no es nadie relevante. ¡No es nadie!

¿Qué remedio apaga las lenguas que se arrugan? Las que se levanta en su contra y se mofan de sus lágrimas cuando su sed de justicia es tan grande. Díganme: - ¿Qué ungüento aplaca su hambre?

Una madre, es ahora muchas MADRES. Montones de piernas arando a los pies de la justicia buscando en los restos de una fosa de arena, los huesos de sus hijos e hijas, aquellos que yacen a la luz de nadie. Enterrados como flores y desiertos, como semillas que la tierra acoge culpable. Acaso ¿Son sus hijas, o las nuestras? ¿Acaso nos duele menos cuando no nos compete, acaso también no son nuestras hermanas?

Hoy estoy llena de preguntas. Estoy con el corazón en las manos, en busca de la Medea que arroje una sonrisa que me salve de la indiferencia, de las mujeres que se levantan contra las otras porque en el fondo piensan que no llevan la misma deuda entre la sangre, de las que se sabotean a sí mismas saboteando a sus hermanas, de las que meten el pie para que sus congéneres prueben un poco del polvo que llevan en su cerebro infartado de envidia y machismo.

Estoy con las madres arrodilladas, las que piden consuelo mientras calientan tortillas en un corazón lleno de impotencia y rabia. Las que toman su rosario y rezan cada día porque sus hijos e hijas regresen a sus casas, sin ser corrompidos por la muerte, sin ser parte de los que los matan.

Estoy con las madres que rezan por los hombres que se amparan en leyes inservibles, aquellos que hacen negocios con nuestros cuerpos para que seamos noticia de primeras planas, quienes nos hacen estadísticas inútiles y con nuestras muertes, hacen campaña.

Vengo, con las manos prestadas de muchos/as hermanos/as, con poesía como arma atravesando la certeza de que, mientras exista la palabra, nuestras lenguas serán gritos que retumben de manera perpetua sobre todo silencio, sobre toda ignorancia.

Jael Uribe
Presidenta Mujeres Poetas Internacional MPI Inc.
www.gritodemujer.com
www.gritodemujer.org

Agradecimiento

Caminar de la mano con el dolor, no es un sufrimiento.
Es sentir palmo a palmo la experiencia que la vida me regala
Es degustar su sorbo por muy caliente y frio que este sea.
y agradecer Infinitamente cada obstáculo con la satisfacción
de decir "lo vencí".
Es conjuntar las experiencias en fortalecimiento y compartirlas
a más mujeres madres solas, pilares de luz y faros de esperanza
Es creer y ver que se puede salir adelante en cada paso de la vida
y realizarse en todos los ámbitos profesionales-
Es agradecer a todos y cada uno de los que han estado en mi vida,
recapitular a cada uno su legado de enseñanza,
Es acariciar el Frio de mi bella Toluca y compartir el corazón
de mí amado México.
Es dar gracias al universo, a Dios y a cada uno de los presentes,
por ser célula
y sumarse a esta piedra angular
llamada "GRITO DE MUJER"

Con agradecimiento profundo,

María L. Alarcón
Co-coordinadora 2do. Encuentro MPI (Toluca-México)

Maternidad (Homenaje a Cándido Bidó)
30x24" - Acrílica-óleo/tela - 2015

Adriana Romero Moreno

(México-Metepec)

Adriana Romero es miembro fundador del movimiento Rock Sensorialista, con la banda de Rock Caruso. Originaria de Metepec. Estado de México. Artista multidisciplinaria en teatro, música y literatura. Se ha presentado con poesía en Ecuador, Colombia, en México en La FILEM, en el Festival Internacional Quimera en Metepec, y en escuelas del Estado de México.

Grito de Luciérnagas

"En perseguirme, Mundo, ¿qué interesas?
¿En qué te ofendo, cuando sólo intento poner bellezas
en mi entendimiento
y no mi entendimiento en las bellezas?"
Sor Juana Inés de La Cruz.

Con el amor
Correré
Con el amor
            Correré
Con el amor
            Correré

Con el miedo convertido en polvo

Ante la preposición pájaros
Ante la preposición pelícanos
Ante la preposición árboles
Ante la preposición mares

Cabe la posición negro
Cabe la posición rojo
Cabe la posición blanco
Cabe la posición rojo

Desde mi preposición mujer pájaro
Desde mi preposición mujer pelícano
Desde mi preposición mujer árbol
Desde mi preposición mujer mar

Contra tú posición negro
Contra él posición rojo
Contra yo posición blanco
Contra nosotros posición rojos

Porque Ellas
En el centro del jardín
Sentían su cuerpo
Granizo blanco
Mientras sus ropas
Granizo rojo

Y ante la preposición
Cabe esta posición
Desde mi preposición
Contra tu posición

Que nosotros
El Canto de las Luciérnagas
No dejaremos que
Los moscardones
Revienten nuestras cabezas

Con el amor
Correré
Con el amor
          Correré
Con el amor
          Correré

Con el miedo convertido en polvo.

Alma Delia Cuevas Cabrera

(México-Toluca)

Licenciada en Geografía, UAMEX. Diplomado en Creación Literaria, Escuela de Escritores Juana de Asbaje, Metepec, México. Participa en eventos de Grito de Mujer 2013 al 2017 en Cd. De México y Toluca. En antologías en México; Edrielle y Soles de Abril (Toluca). A Contraolvido, (Tamaulipas). Flores del Desierto, (Cd. De México). En antologías internacionales de la Biblioteca de las Grandes Naciones del País Vasco y Poetas del Mundo Isla Negra, Chile.

En 72 horas

"Hasta que pasen 72 horas, señora
Ya le repetimos que la busque donde sus amigos
se la llevo su novio siempre pasa eso
en los hospitales.
Vaya también a la morgue".
Me dice el policía de turno me deja sola,
en la incertidumbre me quedo sin palabras.
 Lloro sin consuelo
derramo ríos
estoy paralizada.
 ¿Qué voy hacer?
¿A dónde voy?
¿Por dónde comienzo?
Hospitales,
a la cárcel,
a la zona de mala muerte,
a casa de las amigas.
Sera mejor volver a casa a esperarte.
¿Dónde estás?
sólo a unos pasos está la tienda vuelve,
que la vida me calcina.
 En 72 horas mil cosas suceden
nadie se mueve en los escritorios
no se conduelen del dolor inmenso
de saberte extraviada y ausente.
Cabeceo por un momento

sueño que estas entre la hierba seca
llenándote de hormigas,
insectos no,
no eres tú.
Zopilotes vuelan vendrán más tarde a devorarle.
Mientras pasan 72 horas
para que alguien pueda buscarte.
Camino por la ciudad
veo los edificios altos ventanas con luces,
alguien estará despierto
me vera caminar con el dolor en mi espalda,
tambaleante.
Apenas puedo con mi cansancio
con mi sed,
con lo que soy para buscarte.
Amanece
poco a poco el sol se asoma por las montañas,
estoy sentada en una banca del jardín
a la sombra de un árbol sin fuerzas.
Comienzo a ver la actividad de los niños a la escuela
hombres y mujeres al trabajo
estoy fuera de lugar
lejos del tiempo no encaja mi presencia.
Me ven extraña
¿Qué aspecto tengo?
no soy una pordiosera con los zapatos llenos de polvo
 la ropa toda arrugada y el pelo alborotado
solo busco a mi hija.
¿A quién le pregunto por ti mi niña?
quien podrá decirme donde estas
todos tienen prisa por llegar a trabajar
a quien le puede importar los autos circulando
los negocios abriendo.
Cada chica de tu edad me parece que eres tú
tengo tu foto en mis manos
me sonríes
me parece escuchar tu voz gritando:
¡mamá, mamá! ¡Aquí estoy!

Agustín Fernández Gómez
(Villarrica-Chile)

Poeta, dramaturgo, cuentista. Libros publicados: "Ecos Del Alma" (2017), "Viento Azul" (2017) Antologado en: "Escritores Latinoamericanos" Frankfurt-Alemania (1978), "Antología Poblacional el cortijo" Santiago de Chile (1986), "Voces del Vino" New York EE.UU (2017), "21 Encuentro Internacional De Poetas, Zamora-Michoacán", México (2017), "De amor y soledad" Madrid-España (2017), "Pétalos de otoño" grupo literario "encuentro" Sociedad De Escritores De Chile, Santiago de Chile (2017).

Mujer

En un grito de mujer, todos los gritos,
En el dolor que chorrea la historia tuerta de las sociedades machistas,
Todas las madres, y las madres de las madres,
Y las hijas a la deriva de todas las hijas, y las hijas usurpadas y negadas,
Las que se queman en las hogueras y arden en las injusticias sociales,
¡Todas ellas!, palomas de alas quebradas,
Ángeles caídos, mujeres de cuarzo y cielo bendito,
¿No te hemos visto mujer?
¿O tal vez te hemos negado, vituperado y quebrado tus finas alas de ángel?
Mujer, quiero verte salir de las hogueras, quiero ver tus alas
de ángel extendidas,
Que la geometría del espacio libre sea tu día y tu canto
Mujer compañera, mujer madre mía, mujer madre de otros
y de otras latitudes,
Mujer manos de cobre, mujer manos de trigo,
Mujeres manos de pan y vino, mujeres de ojos continentales,
Quiero oírte cantar el himno de la libertad,
Quiero verte romper las cadenas de la desigualdad,
Quiero oírte reír como el agua, como el rio, como el viento,
Tú eres nuestro complemento, tú eres la sal de la vida,
Por los siglos de los siglos.

Alejandra López Silva

(México-San Bartolo Ameyalco)

Ciudad de México. Oriunda del pueblo San Bartolo Ameyalco, coordinadora en revistas virtuales como Liberpopulum y los Buzos Diamantistas, he escrito prólogos para Beatriz Villar y el poeta mexicano José N. Méndez, un poemario publicado Pasión y recuerdos, bajo el sello de Rodrigo Porrúa; he participado en dos eventos de Grito de Mujer en 2016 y 2017 con rosario Salazar; he participado en antologías de temática social.

Mi vientre vacío teñido de silencio,
tapiz de angustia, de dolor, de llanto exprimido.
En él retumba el eco de tu risa,
luce tu mirada, mirada de niña.
No miro más tus pies pequeños cruzar por la casa,
aplastar el césped, patear la pelota.
No miro ya tus suaves manitas
acariciar tus muñecas, el unicornio rosa.
El cuento de hadas está cerrado.
Mi vientre no escucha tu latido, todo en él ha muerto.

¿Con qué lleno este agujero? Que alguien me diga,
¿cómo lo remiendo?
¿Quién entiende que quedé sin vida?
El consuelo huye de mí.
Lágrimas enlutadas asaltan mi rostro.
La sal de mis ojos esculpe tu imagen, tu faz infantil.
Mi vientre clama por ti,
ansía abrazar tu cuerpo párvulo,
besar el pétalo de tus mejillas,
acariciar el sol en tu pelo.
Mi vientre se despeña en el abismo de oscuridad incierta.
Es un espejo hecho añicos, sin Alicia.
Mi vientre, cuna vacía al igual que mis brazos.
Mis senos son desierto.

La muerte es ahora tu madre.
Ella te aparta de mí.
Tomándote en su regazo te conduce al valle ignorado,
a la luz que hoy se apaga para ti, para mí,
bajo un cúmulo húmedo de tierra.

Alegoría de una memoria
Acrílica-óleo-gold leaf/tela -17x15"

América Guadalupe Trejo Pineda

(México-Oaxaca)

Me llamo América Guadalupe, pero soy más América que Guadalupe. Escribo a escondidas de mi profesión, soy administradora y estratega de negocios. He publicado poemas en la revista oaxaqueña ¨A Contra Golpe¨.

Poema 3

Decía mi abuela que había que agradecer a quien nos partía el corazón en dos, porque ahora podíamos amar dos veces. Es que ella tenía el corazón como un totopo lleno de agujeros, eran los vacíos que dejaron aquellos besos que alguna vez dio. Contaba que en primavera también mueren las flores, yo misma he matado muchos Guie´ chaachi para adornar mi cabeza y me he puesto a pensar cómo la muerte de alguien es la vida del otro. Cómo tuve que matar esa flor para hacerme bonita, la hice sufrir a mis anchas y aún después de muerta despedía su aroma. Hay mujeres que son flor, me decía la abuela mientras deshacía su trenza, mueren para dar vida porque morir es lo único que les queda. Yo guardo mi fuerza espiritual debajo de mi enagua, y cuando me siento triste me como un caldo de iguana para obtener la aspereza de su piel y la capacidad para resistir las quemaduras de sol. Yo no quiero ser mujer flor, quiero ser mujer árbol para que nadie corte mis raíces y que el único enemigo para mis ramas sea el tiempo.

Anakaren Pérez Casas Pérez

(México-Torreón)

Nacida en Torreón, Coahuila, México el 23 de abril de 1998. Participante en numerosos festivales nacionales y locales, tales como el Festival Nacional de Cine de Torreón como guionista y directora del cortometraje "Iridiscencia". Ganadora del primer lugar en la categoría de cuento en el 2do Concurso de Cuento y Poema de Ciencia Ficción "José María Mendiola" con el cuento titulado "Mis primeras palabras" Actualmente cursa el segundo año en la carrera de medicina en la Facultad Autónoma de Coahuila.

Uárhi Uinhapeti

Vengo de una familia de mujeres fuertes
Es difícil definir todo lo que implica esa palabra
"Fuerte"
Veo la fortaleza en sus palabras
Vengo de una familia de mujeres que maldicen
Que gritan
Que lloran
Que llenan habitaciones con el sonido de su risa que retumba
en las ventanas
Mujeres que quieren ser escuchadas
Veo su fortaleza en su calma
En su dulzura
En su manera de amar
En su delicadeza
En su abrazo y su perfume que me rodean y parece que nada
en el mundo puede salir mal
Mi vida ha estado rodeada de mujeres extraordinarias
Que dentro de sus mismas debilidades encuentran fuerza
Tienen una belleza magnética
En todos los sentidos
Y aunque me han enseñado a escoger vestidos y pintar mi rostro

Me han demostrado como mi feminidad no es una jaula
El usar tacones no hace mis pasos menos firmes

Unos labios color rojo no hacen mis palabras menos desafiantes
Me han enseñado a amarme en la manera en la que alguien toma t
u mano y te señala el camino que tienes que recorrer tu sola
Su fortaleza incrementa y se impone sobre los hombres
que las han decepcionado
Me ensañaron qué hay demonios dentro de algunos hombres
Que querrán tomar ventaja
Qué tal vez me superen en su fuerza física y quieran aprovecharla
Que me llenaran de moretones en mi cuerpo y en mi mente
Qué tal vez solo vean un cuerpo
Hombres que se dejarán llevar por sus impulsos porque nadie
nunca se los ha negado
Hombres que se sentirán los dueños del mundo
Y te querrán a su lado
Pero sólo para que limpies el piso por donde caminan,
que lo mantengas reluciente y limpio y te mantengas en tu lugar
Sólo querrán que alimentes su ego y sus estómagos
Porque estos hombres piensan que ese es el orden natural
Me enseñaron que estas cosas van a esperarse de mi
Que limpie y cocine y que tenga hijos
Que ninguna de esas cosas es necesariamente mala
Ninguna de estas cosas me hará menos fuerte
Pero me enseñaron que debe ser una decisión y que habrá
otros aspectos en mi vida que debo cultivar
Me advirtieron de esos hombres que atentaran contra mis cosechas
Aunque no es eso lo más peligroso
Mis mujeres fuertes e invencibles también tenían miedo
Tenían miedo de caminar solas por la calle
Saltaban cada que veían los faros de un automóvil a sus espaldas
Me bombardeaban de mensajes
"Márcame cuando llegues"
"Pídele a alguien que te acompañe"
"No te regreses sola en la noche"
Porque estas mujeres fuertes sabían que había hombres
con el demonio en sus corazones
Que tomaban lo que no era suyo sin permiso
Y que no se arrepentían de hacerlo
Hombres sin compasión

Me dijeron como el mundo está lleno de hombres cuya compañía
me pondrá intranquila e incomoda
Pero que dentro de otros encontrare paz, encontraré amistad
y cómplices y verdaderos hombres que tomen mi mano,
sigan mi paso y no se asusten de esa fortaleza ni intenten apagarla
Que van a amarme y respetarme en serio y no sólo como
palabras que repitan dentro de una iglesia
Me enseñaron que mi desafío en esta vida es encontrar la
diferencia entre los dos
Mis mujeres fuertes me han enseñado tanto pero no todo
Lo demás depende de mí
Y encontrar mi propia definición.

Doncella en Rojo
40×20"– Acrílica-óleo/tela – 2015

Ana María García Sosa

(Colombia-Bogotá)

Escribe para salvar del olvido a la vida y camina entre otros a quienes ayuda a encontrar su palabra: poeta, narradora, gestora cultural, profesora, investigadora; mujer que lucha desde los espacios culturales y académicos diversos con la consigna de la palabra como herramienta para liberar y empoderar comunidades: mujeres y niños. La poesía ha sido un puente donde convocar tiempos que narran y revierten el olvido y acunar esperanzas revolucionarias que posibilitan transformaciones vitales. Nacida en Colombia hace 27 años, atravesada por los vestigios de la guerra y la certeza de encontrar en el arte un camino que fortalezca la vida y nutra a los pueblos.

De ellas las voces

Contemplar la mirada de cause y viento
y creer que el viento es un presagio
Ella
sabiduría perpetúa
Palabras transparentes
Recorren el tiempo
sanan en oculto una muerte no vista
en el cuerpo acariciar la luna
Las he visto
en el fuego verter un secreto que salva
entre cadenas de sangre
Una mujer se cuenta en las pupilas de otra mujer
entre cadáveres a destiempo
Una carretera las ha visto caminar despacio
Un lunes las presentí
palabreaban el tormento
Un domingo las vi irse al rio
desvanecerse en tornado
Escupían al abismo lamentos que hervían rabias

Calentaban remedios en el pecho milenario
Un amor alquimia mutaba locuras lamentos y llantos

Un manantial se desbocó en un espejo
Un nacimiento anunció despedidas

Un rayo calcina el miedo
Antes
Ahora
Un intruso perpetra terrores cada cuadra
en el valle y la tundra
en la esquina que rememora la infancia
Una orden trastoca los caminos sembrados y
un campo ha contemplado un vientre fértil deshacerse
entre el cafetal y el mango hay un estruendo
Piernas que al caer sangran
Detienen el tiempo de las causas
El cauce se sacude
explota
Un sueño de torbellino
Un disparo que replica balaceras interminables
Un espasmo anuncia la marcha fúnebre
Las lágrimas vertidas tejen a la montaña promesas
levantan en el camino el polvo de la memoria
Sagrada la muerte celebrada como un canto
Calcina la mujer susurro maldades de otros que caminaban de espaldas

Voces soplaron elegías noctambulas
Ellas en sus vientres anidaron furias vitales
tras la melodía de la despedida lenta
Transitó tardía la tormenta
en herencias se levantaron los astros

Las mujeres recogen lluvia
Sacuden sísmicas silencios sabios
Senderos saqueados por censuras
Sórdidas salidas perpetran con terrores
las ausencias
La elegía que cuenta de gritos
Arde

Entre laberintos de enredaderas pesadas
Pisa la paciencia póstuma
Perturba el presentimiento posibilidad de pasos
Perpendicular sorpresa
aprieta el pálpito lejano
un hijo cae en la distancia

Exclamación imprescindible acuna letras valientes
Es de nuevo el llamado
Cantos de nacimiento   ofrenda
Dolor que agita esperanza
Espanta la mujer y su palabra sucias trampas
temores tácitos trancan
Filtran venenos inertes
El movimiento ahora es melodía
se agitan campos
La madre amilana en su latido
refresca fiebres de insomnio
Su color al laberinto da sustento de calma
Salva su palabra de remanso
entre maleficios y palabras mudas
entre escollos que labran muertes tempranas
la voz aparece
Ella
alumbra trochas que narran
libertad se posa en madrugadas largas
Las cocinas de leña vierten medicinal augurio a los caminantes

Ya pasó el tiempo del grito
El lamento ha navegado las aguas
Las madres andan curando pasos
Se cocina el dolor y el fuego aviva las aguas claras
No será el recuerdo el que detenga el cauce
De ellas las voces que en memoria rescatan.

Andrea Naranjo Merino
(Colombia-México)

Andrea Naranjo Merino es una poeta colombiana nacida en 1974. Ha participado en diferentes lecturas de poemas y conferencias literarias en Colombia, Estados Unidos y España. Sus poemas han sido publicados en diferentes medios, como periódicos, revistas y el internet. Tiene un libro publicado "Espejismo" que fue merecedor del Premio Nacional de Poesía Museo Rayo en Roldanillo, Colombia. Además, ha participado en diferentes antologías de poesía como en la Gran Antología de Poetas Colombianas del Siglo XX de la editorial Apidama.

Soldado

Un camino largo, largo donde los pies
no fueron suficientes para silenciar el plomo empozado en las raíces.
Un cuerpo tirado
discute su estancia
que se manifiesta de aire
y de aire el grito
lanzado por las flores
y por su madre.
Camino con espadas de hielo nunca lo rescataron
del sopor matutino
ni de la sangre
ya derramada.

Ángel Adrián Sánchez Villa
(México-Ciudad)

Poeta y periodista, ha publicado los poemarios: "Hombre Muerto", "El desván del alma", "De amor y Olvido", "Causas Nocturnas", y Aquí debería estar tu nombre, este último incluye cuento y ensayo. Nació en la ciudad de México en 1970, fue alumno de Dolores Castro, Alejandro Avilés y Vicente Leñero. Estudió Periodismo en "Carlos Septien García", así como ha hecho posgrados en letras en la UAM y en la Escuela Nacional de Maestros. ha sido publicado en revistas, periódicos y antologías.

Madre

Madre,
¿Por qué tengo que llevarte como un recuerdo
si todavía te tengo?
¿Por qué me he acostumbrado a vivir
tanto tiempo sin verte?,
sin que nadie advierta mis desvaríos,
o comprenda mis delitos en el amor.
            No puedo acallar
        la angustia silente de la piedra
        bajo el sol rabioso del verano
y la suerte de alternar
con este pueblo de desconocidos;
de ir tropezando con tejas caídas
que nadie vuelve a pertrechar.
        Madre
la leche se ha cortado,
el monte ha crecido de mala hierba;
de alguna forma todo tiembla;
la sábila se ha secado de tedio en el patio,
en días rutinarios como sendero de hormigas.
        Te quiero contar que las mejores semillas
que la abuela guardó por buenas,

se están llenando de plaga;
dime madre,
¿por qué no salvamos las últimas?;
reparemos el sombrero,
abramos senderos con la guadaña,
para postergar un minuto esta historia fatal.
Dime, ¿por qué no detenemos ese rayo
que me ha dejado ciego?,
Ya me resulta imposible domar al viento,
amparar la tempestad sin tus manos.
¡Algo me descorazona
y no me dices nada!,
algo me desnuda como cuando alguien te señala.
¿Por qué tengo que resignarme a perderte?,
si todavía te tengo.
Voy a quitar la hierba,
que ya se están dando las primeras espigas
de ese maíz azul,
que la abuela conservó
como otra forma de heredar su sangre.
A tu lado el horizonte no quiero transponer,
el mar que al fin no me da la gana cruzar.
Quiero quedarme en tu regazo,
¡cántame bajita mamá!
ya se cierran mis ojos;
apaga al salir por favor la luz,
y deja entreabierta la puerta
para arrullarme con tus pasos.

Ángela Vázquez González
(México-Ciudad)

Mujer joven de 17 años, he participado en proyectos de alfabetización y poesía con mujeres en contextos rurales. Participé en el evento de Mujeres Combativas, también como poeta. Acabo de curar una exposición en el Museo Archivo de la Fotografía, con fotos de mi novio que acaba de morir lamentablemente. En 2016 publiqué mi primer libro "Blues en un paisaje selvático". Actualmente estoy en una residencia artística de alto rendimiento, en el Museo Tamayo. Estoy harta y dolida de tener tanto miedo.

Una sola voz

Somos un ser
Un ser que nace
Un ser que crece
Un ser que hace.

Somos un ser
Yo soy un ser
Un ser incapaz de muchas cosas
Entre aquellas cosas
Soy incapaz de hacer a una mujer
Pedir perdón
Con palabras
Que no son suyas.
Pero soy un ser capaz de pedir perdón.

Pido perdón por comenzar sin mente
Por nacer sin crítica
Sin razón.

Una mujer sin hijo
No pedirá perdón por un hijo que no es suyo,
No desde mi pluma.

Una mujer no pedirá perdón
Por su pecho ensangrentado
Al capullo de una flor
Que ella misma ha regado.

Esa mujer no pedirá perdón
Mientras haya gente a la que hay que exigirle una respuesta.

Esa mujer no pedirá perdón
Si no hay perdón en cada alma.

Esa mujer no pedirá perdón
Hasta que seamos todos los primeros en hacerlo.

Y si esa mujer
De todas formas, pide perdón
Por una estrella viva que en sí reside.

Espero que seamos todos
Un ser capaz de perdonar

Espero que seamos todos un ser
Con una voz capaz de otorgar un cambio
A un pecho que nos pertenece a todos.

Angélica Pineda-Silva
(Bogotá-Colombia)

Deslumbrada por la vida y las paradojas que encierra, concibo el encuentro con el Otro como un insondable y fascinante misterio. Navegante de derivas patafísicas y surrealistas, confío en la poética de la imaginación como escenario de la potenciación del devenir humano. Sensible a las posibilidades de la construcción colectiva. Amante de las artes, particularmente cautivada por la fotografía. Magíster en Psicoanálisis, Subjetividad y Cultura, línea de investigación en Estética, Creación y Sublimación, Universidad Nacional de Colombia. Psicóloga de la misma universidad. Socia Fundadora de Tejidos del Viento.

Canto Primero
Poema en Homenaje a los Faros de Esperanza

Yo digo: ¡hágase la luz!
y la luz se hace.
Yo dije: ¡hágase la luz!
y la luz se hizo.
Soy la madre
la hija
y el ánima no santa
fármacon que se engendra en cada rezo.
Soy desvelo que embarga
letras paridas
noches en vela
susurro invocante
sosiego turbado.
Infinito en la conciencia de Brahman.
Instante en la permuta del Atman
Yemayá en la florescencia de los mares.
Soy la chifladura errante
y la cópula del bosque
desecho y perdición
gloria beatificadora.

Polvo de estrellas encriptado en la blasfemia
semblante del espejo cóncavo de tu mirada.
Soy agua primigenia del verbo sagrado
fuego que abriga
canto que acompaña
caricia que germina
planta que sustenta.
Colofón de angustias
retórica hierática.
Yo dije: ¡Qué reine la noche! y la noche reinó
¡Solemne la noche!
el sol se oculta
la luna asciende.

Canto Segundo

Mi nombre está inscrito en el lado oscuro de Killa
repetición
fractal del guiño.
Configuración
designaciones impronunciables,
o casi siempre,
apareciendo tan solo en la punta de la lengua.
Me pertenezco.
Tres arcanos acompañan este lance de arremetida bestial.
XIII, III y XXII como signos sibilinos que conjuran el enigma.
¿Quién eres tú?
preguntó Eva a Lilith vuelta serpiente
y entonces el silencio se hizo noche,
y la noche insomnio.

Canto Tercero

¡Santísima Madre!
Haz del retorno a la trinchera de la poiésis,

oración posible tras este exhausto día.
Cobija con tu manto,
los vicios del resplandor enrevesado.
Aléjame del juicio imparcial vacío,
y el corpus de la biografía obliterada.
Protege del exceso de razón,
a nosotros, tus hijos necios.
Colma de sentires este andar sin rumbo,
quietud imposible en la Hera que se nos dona.
De la turba de certezas acuna mis pesares,
y del silente llanto sé mi oído.
Permíteme invocarte en mis horas más tristes,
para que el mediodía no cegué mis párpados.

Tributos Femeninos
Grafito /papel - 51.5x81.2"

Any Carmona

(Argentina-Salta)

Ana Alejandra Carmona, pseudónimo es Any Carmona, nació en la ciudad de Córdoba, Argentina. Es Profesora y Licenciada en Historia recibida en la Universidad Nacional del Sur y en la Universidad Católica de Salta. Sus libros publicados son: Luz de soledad (Poesías y cuentos cortos), Editorial Dunken, Buenos Aires, 2009, La mujer argentina desde principios del siglo XIX hasta principios del XX. Forma parte de varias antologías y publicaciones. Realizó su primera exposición de acuarelas combinadas con poemas en 2016, en Buenos Aires en SADE Central, con la Expo "Con mirada de mujer".

No le digas
(que morirá mañana)

Silencio
Que la niña no escuche.
Que su paz no se altere.
Que siga sosteniendo al viento
el papel transparente
de sus ilusiones

Calla, no le digas
que sabes cómo sigue esto:
Cabalgar sobre la ola
atardeciendo ayeres.
Ver estelas de sangre dibujadas en el agua.
Masticar pimienta rosada
entre los dientes.

Esfúmate.
Piérdete en los infinitos del mundo.
Ajeno.
Lejano.
Pobre y cruel.
De tu violencia.

Bárbara Durán Cruz

(México-Cuernavaca)

Poetactivista y Fotógrafa publicaciones, "Biometrías de un Silencio" Agosto 2017 2da edición bilingüe; "Un Derecho & Un revés" Febrero 2009 La Cartonera Ed.; Creadora del Rito Performativo Contra la violencia feminicida, en el Día Internacional por la Eliminación de la Violencia a las Mujeres, Cuernavaca, Morelos 2009, 2014, 2015 y 2016, Cofundadora de "En Aguas Zurcidas", Publicación mensual, Mujeres en el Arte la Cultura y la Ciencia en el Estado de Morelos 2006 y de los Colectivos: "Lunambulas–PoesíaAcrobata", 2007-2017 y "Arte Intervento" Laboratorio de arte 2009-2017.

Poema I
(Inédito)

¨ en el vértigo no se escribe la esperanza si no al reves ¨ Is

Esperanza
Palabra de
alto voltaje
Capaz de defenderse
a ultranza desde un precipicio
Sin aspirarla perpetua
De naturaleza explosiva
Un paraíso perdido
en un campo de guerra
Deslumbre de lumbre
llamas altas
proclives pedestres

Apenas un efluvio
cuando apuntan
la fe las balas

Despunta el amanecer
en un borde troquelado
sin acápite
Se escucha como
¨el canto de un sepulturero¨

Desemboca de un sueño
con un beso de tu boca
sin gravitación el cuerpo

La luz de un faro
en medio
de una ciclogénesis

24-01-95
Abracé
la palabra Esperanza
cuando en la cuenca de los ojos
de mi abuela Dolores
hundirse el nombre
de Ángel mi abuelo árbol
pozos hondos
                irreversibles
Silencio mudo
seco
Silencio estertor
sanguinario

Palabra que flota
cáustica indomable
alianza transparente
Peregrina serena
de ojos calmos:
luminiscentes

Conocí una mujer
llamada Esperanza
nació el día de la raza
se la llevo la tierra
se la come el olvido
No me trajo en su vientre
pero fue mi madre
Mujer de alas grandes
de ojos infinitos

Nos enseño
a mí y a mis hermanos
a hacer y volar papalotes
eran veranos de té helado
limón con jengibre
íbamos a nadar
a los apancles
comíamos a sus orillas
bolillos con aguacate y queso
Esperanza
improvisaba columpios
en los arboles
La vida brillaba
en el acorde de sol de medio día
y el salto al ojo de agua
de una a otra orilla
era la única decisión
salvaje por tomar

Las mujeres lavaban
cantaban
y cada papalote
lanzaba un sueño
a un cometa
crecimos
la esperanza envejeció
los cables se luz
se hicieron
cementerios de sueños

Palabra
que duerme de pie
De razonamiento
inconcebible
Símbolo infatigable
de un enigma trémulo
de naturaleza informe

Caótica criptografía de la fe
HilvaNada callada
Mi América Latina
Continente
de alas
        de esperanzas

Permite morir de pie:
Luchando:
Venceremos
Nos prepara para morir
Hace rendir las rimas
para ese viaje perspicaz
escalera en espiral

Triángulo equilátero
Nota suicida
Epicentro vivo

Cuento minucioso del provenir
sin certidumbre de lo posible

Triángulo de las bermudas
Cráter encendido
Sedativo alienante

Lluvia ácida
en tiempos de falacias
parias y ateos
Basada en hechos
reales e irreales
Pagina penúltima
de un libro

Línea transversal
Invisible hiato
Forja utopías
desde la coincidencia

El vértice del futuro
Hablamos de ella
como si existiera
Inteligible diacronía
en las postrimerías

Cápsula de tiempo
Melladura
inundada
de inciertos
Hiere la razón
con labios estoicos

Sólida controversia
del lado
de quien la niegue

Se fué
velada, ténue,
dilatada,
Me enseñó
como hacer pan
como tejerme las trenzas
Una sola vez
le ví lacrimógena
había tormenta
y un incendio a 100mts.
Mugía el llanto
como una bestia
Le bramaba
en el rostro
un grito
La tome de las manos
La solté para abrazarla
lloro como niña pequeña
una ausencia
hasta dormirse
en mi regazo

Tenía Esperanza
inviernos y veranos
con el mismo clima
Hoy recordé
como me gustaba
dar vueltas
a la sombra del guayabo
el dolor de las espinas
el fresco zumo en los labios
su pulpa en la lengua
arriba del árbol de las mandarinas
los besos de las zarzamoras
Son parte de una
nostalgia infinita: un rito
Tu dulce de trigo
con leche canela y piloncillo
Los jazmines
entre la almohada

Palabra azul
lago al pie de la montaña:
un vaso de agua

Exhuma la voz
de quienes silenciaron
para que nos cuenten
su propia historia
verdad...
              justicia
Política de la memoria
Mapa de la memoria
Hablar en presente
de nuestro origen
de nuestra identidad
¨Quien no conoce
su historia
se condena a repetirla¨

Piedra de rayo
Depósito de azar
Último madero
en un naufragio
Paraguas y arcoíris

Parpadeo
Flor de asfalto
Miradas laberintos
Soñar con tus ojos
de mar abierto
mantiene tibia
el hambre eterna
Refugio en medio
de vendavales

Quien escribió
la palabra esperanza
por primera vez
vio la muerte reflejada
en sus ojos
se pregunto
si había escuchado
algún día a un colibrí

Siempre urgente
Es un horizonte
Una sonrisa
El camino de regreso a casa
La piel recorrida al-a-mar
Una luz
Un señuelo
Un salvavidas
como el miedo
preserva la vida
por conciencia de riesgo

Es un gato en la ventana
brinca abismos

Nos enseña
lo importante
de no dejar de vivir
de hacer posible
lo imposible
algunas realidades
Es la última en morir
El alacrán en un mezcal
Hacen ruido sus máquinas
desde muy temprano
Se viste de verde
entre infiernos de hormigón
y cruceros de ciclones
Cartografía de ríos salados
Radiografía de ríos alados

Con su agua de rosas
Esperanza
arribo al ombligo de agosto
lo último que le quedaba:
La mitad de perseidas

La noche de flores blancas
esta tlalchana lloro
cada letra de su nombre
guardo su sonrisa
para vivir la zozobra
de no volver
a mirar sus ojos

Su voz desapareció
cuando cumplió 93 años

La esperanza
dejo de caminar

se bordaron llagas
en su piel
Enredaderas de espinas

cuando su columna vertebral
era la letra ¨s¨
de plurales no nacidos
dejo de abrir los ojos

Dejo sin luz mis manos
Cuando mi mano
en su mano
Con el corazón en las manos
la entregue a Caronte
El silencio se apodero
de mi boca un pequeño instante
cruzó por mi mente una pregunta
¿Alguien tomara mi mano
cuando cruce el mismo puente?
...
Nunca lo sabré

Salí...corrí a cielo abierto
temblaba el dolor
por todo mi cuerpo
Grite con todas mis fuerzas:
¡Se murió la Esperanza!
¡Se murió la Esperanza!

Algunas miradas rieron
otra loca grita en las calles

En Arqueólogos
esquina con relojeros
la Esperanza partió a cosechar
esperanzas donde si nacen
un domingo de luna creciente
tres meses después de irse Isabel

parten dos hermanas
de la mano

Es un beso frio
la muerte
Un punzón
en el pecho
Martes dieciocho
Lote ocho
Fila cincuenta
Sección seis

Yo no quería enterrarte
necesitaba convertirte en árbol
polvo de mar
en otra luna
elegiste alimentar gusanos
una caja
que ganas de ver
tu sonrisa otra vez

He ido a visitar tu tumba
te escribí un poema
pinte un azul cielo
un árbol de jacarandas
mujer pájara me dueles
como si hubieras
emprendido el vuelo ayer
paso por la calle
donde era tu casa
para llorar a gusto
nunca volveré a entrar
no te veré caminar para abrirme
por el ojito de la puerta
Te extraño Esperanza
luego respiro
te recuerdo viva en un jazmín

me recuerdo viva en una pasionaria
Verde espejismo
Albina noche

cierra los párpados
Abre los ojos del corazón
dijiste al partir
aprenderás a tener confianza
en lo que no se ve

Ella tiene brújula magnética
en las alas
Es un maíz canta el guajolote

Es remolino de palabras sin memoria
vamos a lanzarnos al vacío
cerrando los ojos
canta mi vagina de mar

La vida una gran montaña rusa
Todos los días
nace la fe
sin abrir los ojos
Todos los días
nace la esperanza
sin abrir los labios.

Carlos Mitru
(México-Toluca)

Nació en la ciudad de México en 1976. Escritor, Promotor Cultural y Locutor. Ha publicado en periódicos y revistas del Estado de México. Aparece en más de 20 antologías nacionales. Ha participado en encuentros Nacionales e Internacionales de Poetas. Tiene tres poemarios: Desgarros del Alma, ediciones: La Hoja Murmurante 2004, Cadenas Sueltas de un Loco, ediciones: Cuadernos Mexiquenses 2005 y Reflejos de un poeta: inédito, 2009. Prepara nueva publicación en 2018.

Desperté en esta casa

de silencios

donde el viento se esconde
buscando
la ciudad inmóvil.

Las paredes se visten
de rojo
en medio
de las calles,

mientras los lentes
se rompen
con la humedad del viento
que grita
el final de esta noche.

Es la hora de abrir
las ventanas

y rescatar los ruidos
de las calles y los templos
para volver a soñar
con la gente

de miradas turbias,
que taladran
         la cama
                  donde
                           duermo.

Primavera de mi Femineidad
Acrílica-óleo-gold leaf/tela – 24×24" – 2016

Carmen Rosa Chauque
(Argentina-Jujuy)

Nacida en Jujuy, Argentina. Profesora de Arte, poeta e investigadora en Rituales Andinos. Ha participado en todos los eventos científicos Nacionales e Internacionales sobre la Quinua, con ponencias sobre "Un Caso Artístico De Quinua Teñida" Es cofundadora de AVICIM Jujuy (Familiares De Víctimas Contra La Impunidad) desde ese lugar ha promovido la aplicación de numerosas leyes y proyectos a nivel provincial y nacional, mereciendo destacar La Ley Nacional Por Los Derechos De Las Víctimas Del Delito Y Arte Contra La Violencia De Genero. Ha editado su libro "El Silencio De Mis Pircas". Participante de la antología mundial "100 Poetas Por La Paz."

Homenaje a mi madre indígena

Madre:
Cuánto caminaste,
desde aquellas huellas lejanas,
acunadas por cerros y abras,
desafiando las grietas profundas
de tu añorada Santa Victoria Oeste.
En cada paso, fuerte y seguro,
entretejías
el silencio de aquel valle.
Y enraizaste, de sangre y alma
como el maíz, la papa y la quinua.
Te recuerdo entrecruzando piedras
en nuestra primera huerta.
Como aquellas que florecían
en tu amada tierra,
tantas veces hablada,
tantas veces sentida.
Madre.

Colin Haskins
(USA-Connecticut)

Director ejecutivo de la fundación "National Beat Poetry Foundation, Inc." junto con Debbie Tosun Kilday. Es también director de poesía en "The Licia and Mason Beekley Community Library", en New Hartford, Nueva Inglaterra, donde administra mensualmente el "Kerouac Café" para el National Beat Poetry Festival (Festival Nacional de Poesía Beat) del cual es cofundador además de su versión a nivel internacional (International Beat Poetry Festival). Es el fundador de colectivo de poetas "Free Poets Collective", con quienes coordina desde hace varios años en marzo, el festival Grito de Mujer en su versión al inglés "Woman Scream".

Todas las madres, ambas las de humanos y animales
sembraron esperanza
generaron la vida
desde el amor
desde el primer aliento
hasta la letal muerte
La nueva que amanece
y nace de nuevo
Esperanza, como flora salvaje
Renovada y entonces
con sus brazos
su regazo
atrajeron su promesa
sanadora de heridas
maternal
Interminable.

(Traducido del inglés por Jael Uribe)

All mothers both man and animal
Seed hope
Spawn life
From love
To first breath
Till mortal death
The new one dawns
And birth again
Hope like unfolding fauna
Renewal and then
Her arms
Her wings
Her tending
It brings a promise
To wounds a mending
Maternal
Unending

Paola Paloma
Acrílica-óleo-gold leaf/tela 50×36 – 2017

Daniel Baruc Espinal
(República Dominicana-México)

Daniel Baru Espinal Rivera, nace en Sánchez, Samaná en la República Dominicana el 23 de abril del 1962. Es Licenciado en Filosofía y Licenciado en Ciencias Religiosas. Escribe Cuento, Poesía, Novela, Ensayo, Teatro y Crónicas. Ganador de múltiples premios literarios en República Dominicana y en el extranjero. Ganador de un Premio Internacional de Cuento en Puerto Rico, en el año 2007, dos Premios Letras de Ultramar de Poesía (2010 y 2012), el Premio de Poesía Doctor Enrique Peña Gutiérrez de Sinaloa, México (mayo del 2017), y un Premio Letras de Ultramar en el género de Cuento (enero del 2017). Además, es Premio Anual de Poesía de la República Dominicana en junio del 2017 con el poemario "hormigas dentro de una gota de ámbar".

Voz de mar

Voz de mar, en ti me reconozco húmedo de abismos.
Salitre fue la huella en el principio y sol en las manos la búsqueda infinita.

La muerte, al fondo de las cerradas puertas, canta.
 Sus manos grises huelen a naufragios y a cenizas.
¿Cómo se puede naufragar, pregunto, cuando tus manos, tus ojos
y tus piernas están talladas de aguaceros?
¿Dónde dejará el viento los cartelones recios de su prisa
si el ocaso como un gran escarabajo rojo ha ocupado la luz de tus pupilas?
¿Quién le tapará los ojos a la muerte? ¿Quién le cantará al oído?

Dulce Carolina Márquez Peña
(México -Tabasco)

Dulce Carolina Márquez Peña, Mexicali, Baja California, 20 de febrero de 1987. Actualmente radica en Villahermosa, Tabasco. La constante movilidad entre el norte y sur del país, son parte medular de su poesía y narrativa. En la Universidad de Sonora asistió al taller literario del periodista y escritor Carlos Moncada Ochoa. Ha publicado poesía, ensayos y artículos de investigación en revistas electrónicas y gacetas universitarias. Ha participado como comentarista en presentaciones de libros y en diversas mesas de lectura. Locutora en el podcast "Los Amantes de Urania" por Astro Red México.

La procesión

Dentro de las paredes de este encierro
se escuchan aquelarres de quimeras
voces como cristales que se quiebran,
cual vela que perece, veo derretirse mis sueños

No hay medidas para el tiempo
en mi agenda solo está la libertad
figura borrosa en la lejanía
revelándose en oscura forma

Araño con los dedos la frialdad
no hay piso, no hay tierra, no hay cielo
no hay cielo, no hay Dios
solo diablos ruidosos con dientes de fierro
          mordiéndome hasta desgarrar la piel.

Aullaron los perros sus angustias
mientras intrusos ahondaron mi vientre
aullé canina el dolor y la pena
aullé la mancilla y el desprecio

Aun así, mi vientre floreció...

Y a la vez un día como cualquier otro
en la nada, cerca del camino del olvido
va mi sombra cual aparición
sosteniendo la cordura con hilo de seda
cargando la cruz de un calvario maldito
recibiendo pedradas en los restos de humanidad
con gritos que arguyen injusticias y se unen a coro
para decir:
tú te lo buscaste...

Equidad Femenina
Acrílica-óleo/tela -30x24' – 2014

Edgardo Néstor Brites
(Argentina)

De Buenos Aires, en el año 1970. Es intérprete, autor y actor. Conduce el ciclo "Recitadores" y "Poetas amigos" en "Maldita ginebra". Ha viajado a Rosario y Resistencia (Chaco) a recitar en distintos festivales de Poesía. Publicó en el año 2013 su primer libro llamado "Pasión por Zurdas Mejillas Izquierdas". En el año 2015 publicó su libro "Palabrites" (Ediciones Artilugios) Poeta participante de las antologías "4 poetas al centro" y la antología digital "Abrazo de voces". Hs recitado en la Feria Internacional del Libro de Bs As, 2014 y 2015 Ganador del certamen regional de Variete y café concert de zona sur en el rubro "Poesía escénica" (2015) En el año 2017 fue Invitado a recitar en el Museo del poeta Antonio Agüero. Invitado al ciclo la "La bandada" Córdoba Capital Participante del Slam conexões - 63a feira do livro de porto alegre.

Grito de Mujer

Gritos, gritos y más gritos
Retos de mi madre a viva voz
¡Inmediatamente vení para acá! me decía
Toda su voz se escuchaba en el barrio
Ofreciendo resistencia, peor para mí era
Demostraba autoridad en sus gritos:

Edgardo Edgardoooo Edgardoooooo

Moría si no iba...
¡Uh! Te va a pegar me decían mis amiguitos
Juntaba mis juguetes
Emprendía el encuentro
Retornaba con esa voz a su abrazo.

Eduardo Salazar Cano

(México-Ciudad)

Nacido un 30 de Julio de 1975 en la Cuidad de México. Diseñador Gráfico de Profesión y aprendiz de Poeta por vocación. Es creativo independiente y dedica sus horas libres a escribir. Publicó hace algunos años "Agonía Perpetua", compendio de relatos y, recientemente, "Cementerio de Mariposas", donde reúne sus confesiones poéticas. Actualmente recopila experiencias que habrán de dar forma a su tercer libro.

Falsas Evas

Levantar la voz
de aquellas que fueron acalladas.
Izar la bandera entre lamentos,
a media asta.
Portar un moño negro o violeta o naranja,
prendido del alma.
Alistarse en marchas de protesta
con el repudio atorado en la garganta.
Hacerlo todo
y que no suceda nada.

Seguirán como polvo bajo la alfombra
mientras el engendro irascible
sea el que su afán imponga.
Seguirán bajo la bruma sombría
mientras su origen ancestral
siga rubricado por Eva.
Seguirán siendo cifras vacías
mientras los perros salvajes
no sacien su avidez de tiranía.
Llevamos la sangre de todas ellas
en nuestras manos esparcida,
por omisión, estupidez o desenfado,
tú, yo... involuntarios homicidas.

La muerte no es tan ajena como pensamos,
se aproxima, seduciendo,
en suerte de ruleta rusa,
de azar aciago.
Así, cada vez más cerca,
hasta que derribe nuestra puerta,
dinamitándonos las entrañas,
volando en mil pedazos
nuestra brutal indiferencia.
Y entonces no importará lo que hagamos,
ya todo será inútil,
ya nada nos hará falta.
Habremos probado el infierno,
nos habremos convertido en fantasmas.

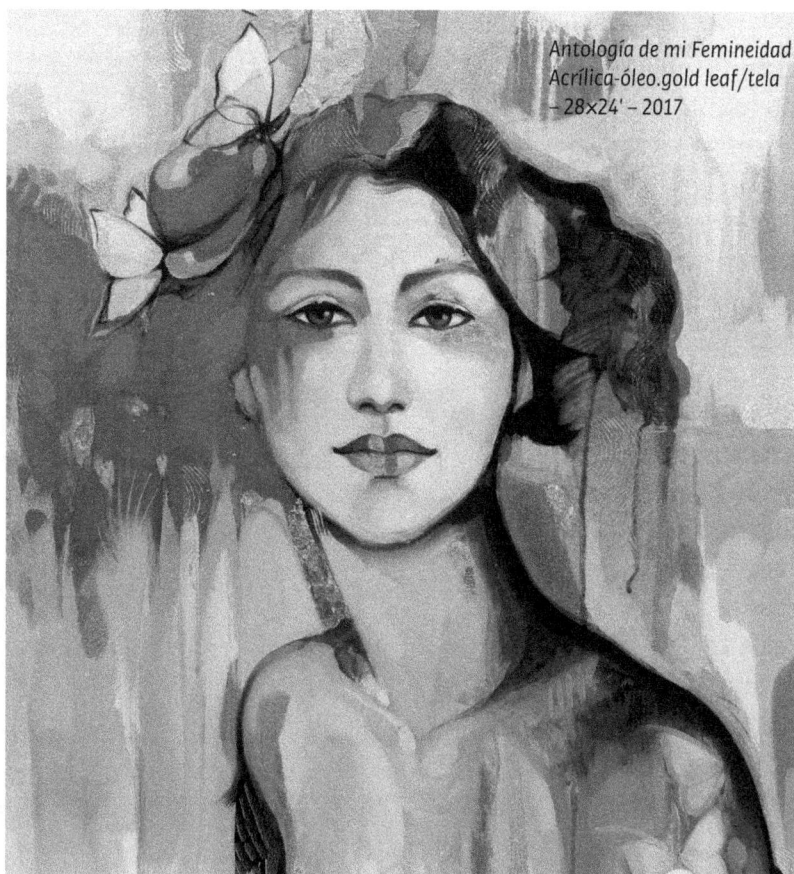

Antología de mi Femineidad
Acrílica-óleo.gold leaf/tela
– 28x24' – 2017

Elios Mitre

(México-Ciudad)

Especialista en valuación de negocios, empresas y marcas. Un buen día, decidí tener como amante a la escritura, para entreverarme por las noches escribiendo cuentos y poesía, consiente de mis taras y su acento, hoy desobedezco un tanto a mi historia y mucho a mis cuitas. Ha publicado en antologías como: Cuentos del sótano V, Miradas cómplices y Ajuste de cuent@s.

Para la otra mitad del cielo

Cuando una mujer
alza la voz, seguro la
desgarra una injusticia.
Cuando una mujer
abre su pecho, sin
duda entrega su ser.
Cuando una mujer
calla sus sueños suele
sepultar su cielo.
Cuando una mujer
duerme con miedo, la
angustia rasga sus días.
Son cobijo de luz,
tierra de sustento,
vientre de fuego,
y caudal de oración.
Amarlas y
protegerlas
tiene que ser
una urgente
vocación.

Elizabeth Reinosa Aliaga
(Cuba, La Habana)

Poeta y narradora. Egresada del XIII Curso de Técnicas Narrativas Onelio Jorge Cardoso. Ha obtenido diversos premios nacionales e internacionales de poesía. Entre los que se destacan el Premio Iberoamericano Décima al filo (Cuba 2015) y el Internacional de poesía Voces nuevas (España 2016). Autora de los cuadernos En la punta del Iceberg (La Luz, Cuba 2011), Striptease de la memoria (Montecallado, Cuba 2016), Formas de contener el vacío (Samarcanda, España 2016) y la novela para niños Las seis en punto (Sed de Belleza, Cuba 2017). Ha publicado en revistas, antologías y selecciones de Cuba y el extranjero.

Códigos

Con ceros y unos
se construye un universo.
Es lógicamente posible
inventar aviones y edificios
bosques
democracia.
Una mujer con el vientre maduro
entona una canción de cuna
y piensa en el código
perfecto para que el hijo
tenga cuatro extremidades
y un cerebro funcional
para que invente juegos
para que crezca.
Con ceros y unos
se conforma una familia
y dos sexos iguales
que se miran a los ojos.
Se construye una cerca de púas
el salto de las bestias
y la sangre
toda la sangre que genera el miedo.

Elodia Corona Meneses

(México-Ciudad)

Licenciada en Lengua y Literatura Hispánicas, por la UNAM. Promotora de lectura y escritura creativa en el programa Libro Club de la Sria. de Cultura de la Ciudad de México. Publicaciones: Antología Letras de empeño. Editado por la UNAM en febrero de 2003. En la antología de Poesía Visual La palabra transfigurada, Coedición de CONACULTA y ediciones Del lirio, en febrero de 2014. Publiqué el poemario Los bosques enmudecidos, Ed. del Lirio, julio 2015. En la antología Basta cien mujeres contra la violencia de género ed. UAM-X, 2014.

Su sombra es mi luz

Sin el justo valor a la existencia
la vida humana no puede continuar
Sin la búsqueda de la luz
la sombra se desvanece.
Te llevo dentro de mí
Mi sombra y luz mi adolescente desconfiada
 te arropé de pequeña sombra mía
de noche iluminabas nuestra casa

Hoy te perdiste en la oscuridad sin razón.

II
Una tierna sombra se aproxima a mí
al llegar del trabajo me abraza las piernas.
Mi eterna luz desaparece en la sombra
sola me quedo sin la luz de existir
me la han quitado   me la han desaparecido

III
Le rogué a dios
para que se lograra mi sombra.
Un día la descolgué de un árbol

gritaba desconcertada sin poder bajarse
mi niña traviesa cruza el infierno.

IV
Llevo doscientos ochenta y cinco días
en su busca, de día y de noche
según me alcanzan las fuerzas.
Pregunto en los hospitales, en las delegaciones
en sus lugares de paseo.

Esther Tellez
(México-Cuernavaca)

Nace en la ciudad de Cuernavaca Estudia la Licenciatura en Periodismo y Comunicación Colectiva en la Universidad Nacional Autónoma de México. Premio Nacional de Comunicación Social, Premio Nacional a Proyectos Productivos. Segundo lugar del Concurso Nacional de Narrativa INAH. Editora de textos de investigación de comunidades indígenas de los Estados de Morelos y Guerrero. Creadora/Artesana en cerámica, mención honorífica en el Concurso Premio Estatal de Arte Morelense en 2014 XXIV y XXV Encuentro Internacional de Mujeres Poetas del País de las Nubes Antologada en la publicación Viejas Brujas II por Editorial Aquelarre, 2017 Coordinación Editorial de Lo que cuentan los abuelos, A que no te la sabías, Cerámica de Cuernavaca, una historia contemporánea, entre otros.

Mariposa de papel

Quisiera tornarme un vacío elemental

Estallar...

Abandonar estas diversidades
abecedarios onerosos y tribales

Arroparme...

Con la gigantesca sábana de arena
y morir
haciendo sílabas con estrellas
papalotes de lluvia
mariposas de papel

Morir de tanto haber partido

Nacer de tantas muertes...nueva.

Fiorella Pierantozzi
(México-Tijuana)

Filósofa, Escritora y Poeta (Monterrey, N.L. México). Sus obras se han publicado y difundido por diferentes medios de comunicación. Estudia la licenciatura en Filosofía en la Universidad Autónoma de Zacatecas, en el año 2014 obtiene el Diplomado en Creación Literaria en la Universidad Iberoamericana. Participa en charla-taller para futuros escritores, en el Festival de Literatura del Noreste (FELINO). En el año 2015 su poemario ¿Por qué baila el hombre? es seleccionado finalista en el Concurso Internacional de Poesía "Un café con literatos" en Madrid. En el 2017 participa en la antología Feipol del Festival Internacional de Poesía Latinoamericana en Mc Allen, Texas.

Epitafio a una madre

El reflejo de su imagen
advierte un tardío amanecer.
Con su cabello color de luna,
los ojos cansados y su piel desgastada
por el tiempo, por el ruido.

Te miro contemplando el mar,
sumergida en tus recuerdos
ahora dispersos, como naufragios.

Prisionera de sus propios secretos,
de sus triunfos y tropiezos.

Luchaste sola
por tus hijos te hiciste fuerte,
callaste tus angustias
y desgastaste tus manos.

Cómo compensar tu soledad,
tu fatiga, tu aliento apagado.

Llora si quieres
o sigue en silencio,
que mi presencia no disturbe tus pensamientos,
mi deseo es prolongar este instante.

Entre Valores
40x30" – Acrílica-óleo/tela – 2012

Gabriela Arciniegas

(Colombia-Chile)

Vive en Chile. Oriunda de Bogotá, Colombia 1975). Es novelista, poetisa, cuentista, en-sayista, traductora, gestora cultural. Literata de la Javeriana, 1999, Magistra en Literatu-ra, 2013 (Javeriana), cursa el Doctorado en Ciencias Humanas en la U. Austral, Chile. En novela, público "Rojo Sombra", 2013. En poesía, "Sol Menguante", 1995, "Awaré", 2009 y "Lecciones de vuelo", 2016. En cuento, co-autora de "13 relatos infernales", 2015, autora de "Bestias", 2015, con dos libros en proceso de edición: "Cuentos del café Flor" (Colom-bia, ilustrado), e "Infestación" (Chile). Actualmente está radicada en Osorno, Chile.

La casa del dolor
(A Frida y a mi madre)

Estoy en tu casa, madre
La casa del dolor
La casa de la segunda Frida
La del pilar roto
La Frida madre
La del otro lado del Caribe
Sus aguas rotas por los piratas
Dañaron su reflejo
Sólo te quedó la sombra
El nido nevado
Pero no rompieron el quejido

Te pensé monstruo, quimera
Qué idiotez no verte águila
Herida en todo el centro
De la carpa de circo
Qué osadía no ver en la ira, el vagido
No ver que en el dolor es que está la libertad

Sola en la soledad de los cuerpos
Demasiado acompañada de las sombras

La Vieira se ha cerrado
Ya estamos todos los fantasmas

En el pozo del pánico entre anémonas relucientes
Llorona, te amo
Como se aman los peces abisales
Mientras te devoran

Te veo vestida de michoacana
Tu rostro yermo
Tus ojos de tigre hincado en un venado que aún exhala aire tibio
Me dejo cubrir del luto transparente de mis lágrimas
Pues ya te sentí gritar allá lejos
Ya estuve ahí la madrugada
cuando te volviste el pedernal que quiso calcinar al mundo
Ya sé que sí hubo un día
en que amaste el leve vuelo de las águilas.

Suspiro Melancólico
20x40"- Acrílica-óleo/tela - 2014

Gloria María Bustamante Morales
(Colombia-Medellín)

Psicóloga, trabajo en ONG de derechos de las mujeres - Gran Premio Ediciones Embalaje, Encuentro de Poetas Colombianas, 2006, Roldanillo, Valle del Cauca. -Primer Premio en el Concurso Meira Delmar, 2008. Corporación Mujeres Poetas de Antioquia. -Primer premio en el Concurso Bajo El Cielo de Aná, 2014. Medellín. Ha participado en numerosos encuentros de poesía y sus poemas han sido publicados en varias antologías de mujeres poetas.

La escombrera
A las madres víctimas de la comuna 13-Medellín, que buscan a sus muertos entre la basura

I Las madres siembran

Sobre los cuerpos amarrados
Una gran mole de escombros

Una madre se ha hecho semilla,
Raíz para viajar adentro
Buscando ser cuna o casa para el muerto
Y por entre los escombros buscar el cuerpo de su hijo
Abrazar sus restos.

Ella sabe que bajo la basura
Está su esqueleto
No tiene más que una rama, una flor
para poderlo acariciar de nuevo
se va su lágrima
por entre la hierba que crece en medio del cemento
baja por su cuello verde
hasta deslizarse por sus fibrosos nervios
Y el agua tibia roza la yema de sus dedos

Una sombra de mujeres,
Baja por las escalas empinadas

un ruego de memoria
en esperanza de raíces.

II Las madres cosechan

Las madres regresan del monte
Llevando consigo
Raíces crecidas entre los huesos de sus hijos
Quieren sembrarlas en casa
Como una promesa de regreso
Como un trozo tibio de recuerdo
De olor a ellos.

Esa raíz que ha tocado sus dedos
Su boca bajo tierra
Conoce su lecho,
Su cuerpo frío,
Su quietud
su miedo.

Bajan las madres del monte de la basura
Con las manos llenas de raíces de sus hijos
Para sembrar en cicatrices
La memoria de su cuerpo.

Guadalupe Pérez Cantellano
(México-Toluca)

Amo la poesía porque me da felicidad y en ella encuentro una manera única de vivir, soy originaria de Jilotepec, Estado de México, estudie la licenciada en Ciencias de la Comunicación y el Diplomado en Creación Literaria en la Escuela de Escritores del Estado de México Juana de Asbaje he publicado poesía en la revista palabras ideas e imágenes y como periodista en diversos medios impresos. He participado en la Feria de Letras Latinoamericanas - Literatelia Toluca como poeta.

La fuerza

En lo profundo de la noche
tu sombra morará
porque aun en el silencio
tu voz se oye.

Reina de la creación
abrazas la metamorfosis
haces expandir tus raíces

Con tu luz
levantas árboles caídos
sufres, pero a pesar del dolor
retomas el camino

Te incas y debajo de la sombra
hay sonidos libres
que inspiran a vivir

Alumbras
cuidando el corazón
remueves las arenas más finas
te entregas y sabes amar

Tambaleante y cansada
recorres el camino.

Mujer
ni un puñado de sombras
destruirá tu alma.

Porque aun en lo profundo de la noche
tu voz se oye.

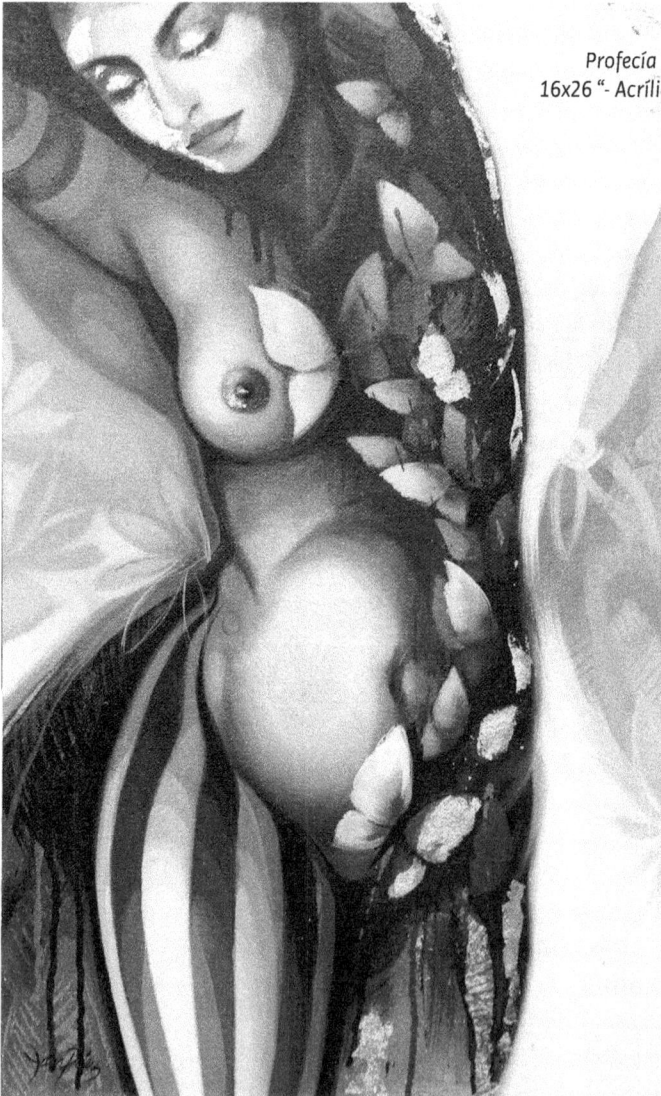

Profecía de una Primavera I
16x26 "- Acrílica-óleo/Tela - 2014

Gustavo Bracamonte
(Guatemala)

De Chiquimula, Guatemala el 5 de julio de 1952.Doctor en comunicación social. Docente universitario. Ha escrito más de treinta libros. Fue columnista de un medio escrito por ocho años.

Mujer, madre, grito

Ella era quien se levantaba de prisa,
sin bostezar la noche,
cantando la fría madrugada,
pero una voz desde los calzoncillos
le arrebata el transcurrir solemne;
ella era el trigo, el maíz y el arroz
que se fecundaba con la gracia de la luz,
pero se apagaba lentamente
dando la leche de su esencia
a los retoños impolutos;
ella era la que bajo las sábanas
anhelaba con los ojos abiertos un orgasmo
que glorificara las raíces de su existencia,
pero subía el falo
como si lo hiciera sobre una yegua,
desfogaba y se ovillaba como sierpe sin sentido
a la mitad de la noche de sábanas oscuras.
Ella era la que moría paulatinamente a golpes,
la que lloraba en silencio las palabras procaces,
la que vestía como pordiosera
en los laberintos de las ciudades,
la que tenía gastados los zapatos del alma
de tanto caminar el sufrimiento impropio,
la que abría las piernas
cuando se le antojara el abejorro del marido,
la que se quitó la felicidad de la boca

por compartirla con el mundo,
la que no era nadie dentro de la vestimenta milenaria,
la que dejó de sentir el placer de sentirse
cuando arrancaron el clítoris,
la mujer lapidada por la cultura
y las civilizaciones noctambulas,
ella era nada más que un cuerpo
capaz de vender carros y lujuria impenitente.
Ella es ahora la mujer
cuyo grito sube portentoso a la cima del poder,
baja a las alcobas,
se adhiere a las paredes,
germina en las laderas de las culturas,
surge en las calles como trueno impetuoso.
Ella es la madre que engendra la esperanza
para una nueva civilización,
la que sostiene con su ternura
y rebeldía el optimismo en las horas cruciales del mundo,
es grito de mujer, impetuoso y vital.

Jael Uribe

(República Dominicana-Santo Domingo)

Poeta, publicista, diseñadora gráfica. Es líder del Movimiento Mujeres Poetas Internacional (MPI) Inc. que promueve la labor de mujeres en la poesía. Es la creadora del Festival Internacional de Poesía y Arte Grito de Mujer realizado en varios países como un homenaje a la mujer y contra la violencia, además de su marca corporativa. Primera mujer latinoamericana en recibir el premio "Freedom of Expression Award" (premio libertad de expresión) en Oslo, Noruega por su labor como gestora cultural y activista en favor de las causas de la mujer. Ganadora del Premio Francisco Rodríguez Nietzsche del Festival Internacional de Poesía de Puerto Rico, entre otros. Poemas y escritos suyos forman parte de decenas de antologías y publicaciones a nivel nacional e internacional. Puede conocer su labor en el blog: Jaeluribe.blogspot.com

Las manos de mi madre
(parte I)

Las aves se quedaron a dormir en su estómago
trajeron consigo el insomnio.
Sueños negros picotean el corazón de mi madre
locura y sueño viven en su beso de sombras
      [*Desierto de universos.*
En sus manos sueñan las palomas,
se trenza cada interminable palabra,
cada pena arrugada en su boca perpetua
cada arruga ambivalente que los años no llaman.
Tiembla.
       [*El río corre a través de su espalda*
un presagio de muerte
no escrito en sus manos,
carretera directa a la raíz del viento.

Mi madre sueña que ya no sueña
que nada puede salvarla de sus pasos.
Sé que el lodo se comerá sus entrañas
cuando el lobo aúlle su última campanada.

Aun así,
no deja de ser mi madre.
No deja de escupirme en el ombligo sus ojos.
De recordarme bastarda,
hija del olvido
y del hambre
de todos los agujeros rotos naciendo
entre sus manos
        [Que son las mías
aunque quiera negarlo.

Ambas aprendimos a parir la muerte
a anidar en el vientre nuestras ganas:
Ella, para golpear mis silencios.
Yo, para escribirla con rabia.

La noche sigue habitando entre nosotras
no cesa de llamarnos con nombres de extraños.
Somos hijas de la mala hierba.
Somos hijas de la mala muerte.

¿Qué sabe mi madre de infinitos,
de amores sin dolores perdurables?
Sólo sabe de omisiones
y tinieblas
sólo sabe de rocas en el aire.
Vive a punto de partirme los sueños
de amanecer a la sombra del mármol.

¿Qué sabe este brillo de las sombras?
Así es ella
        [Así me la impusieron de este lado del aire.
Aunque cargo en mis dientes sus facturas
aunque el llanto en mi cuaderno no sepa decir su nombre
y sangre entre mis manos.

Mi madre construye lentamente su abismo
rehúye del pasado.

Dice que un vaho se ha mudado en mi nombre
reniega a mencionarlo para no desatarlo.
Me niega,
        [A pesar de mi sangre tan suya
tan nuestra y tan amarga.
Se niega a devolverme los ojos que lloran
sus palabras.

Una hija no conoce de insomnios
sólo sabe parir el hambre.
No mira la muerte
                [Aunque habite en su abdomen.
No vive más allá de su carga.
Una hija es un trapo con bichos
en la inmunidad del alma de una madre.

Sus manos se olvidaron de amarme
Yo me olvidé de sus manos.
Ahora vivo en una nube lloviendo

sobre su olvido,
la obligo a que me ayude a olvidarla,
        [Si es posible,
que sane mi pena con sus manos.

No se puede contener una herida con los dedos
cuando el abismo en la memoria es tan grande.

Nada perpetúa la calma en su casa
donde mis ecos no crecen.
Donde la lluvia no ha pintado mis palabras
con sus extremidades de polvo
exigiéndole mirarme;
pidiéndole una señal que me corte de su vientre
y me borre de un tajo la mirada.

Mi madre me observa
congelada en su lengua

con el grito de amazona salvaje
en su mirada de piedras y esmeraldas.
Me ve, como que no existo
como se miran las cosas amargas
que habitan la memoria antes de extirparlas.

Soy Cáncer en el corazón de Virgo.
Cuerpo que cruza el cielo de un cometa cuajando
el fuego en sus entrañas.
Enferma
no del cuerpo,
sino de odio y desesperanza.

Pero llega la nostalgia, madre.
Viene acompañada del enigma dibujado en tu rostro
del silencio que amamanta tu ignorancia
tan rígida y volátil
a punto de reventarse.
Llega el otoño a batirle las hojas al cuaderno inútil
intento enmendarte entre líneas descalzas.

A mi madre le brotan tempestades de las piernas
las aprieta a su falda de pájaro negro
enjaulado.
No sabe qué hacer con mis silencios
no sabe qué hacer con mis palabras.
Cree que si callo se cuajará el viento.
Cree que si hablo despertaré tempestades.
Por eso le escribo en vez de hablarle.
Por eso lluevo en el envés de mis palmas.
Ojalá algún día nos pongamos de acuerdo
y no hablemos más de lo necesario.

En el fondo ignoramos tanto.
No sabemos por dónde llegar al corazón del aire
para darle una palmada de rescate
cuando las luces en nuestros cuerpos se apaguen

y no quede color en la memoria
que dejamos guardada.

No sé cómo se dibuja una madre.
No sé coserme la boca por la espalda
para hablarle de frente sin avergonzarme.

Mi madre está enferma de olvido
Las aves corroen su vientre endurecido.
Ellas arrancaron de su mente mis palabras.

A mi madre la acompañan dos rocas
atadas a sus costados.
Por eso, no puedo acercarme,
sus guijarros lastiman mis lágrimas
hundiéndome en la desesperanza.

Ahora sé que ella se ahoga en su memoria.
Las piedras la mantienen atada a sus pesadumbres
cardúmenes de añoranzas se amarran a sus palabras.
No sabe cerrar con llave sus adentros
para que no se le cuele el llanto.

Yo puedo salvarte madre,
si me dejaras tomarle la mano al viento
agarrar con mis dedos
tu palabra cactus para que no muera en el agua.
Pero tú te sigues negando;
Mujer que se hunde en el fondo de una casa
ocupada por fantasmas.
Prefieres que te abrace la duda
que tus hijos sean los gritos de los montes
y los pájaros.

No puedo sostener tus estigmas
de madre selva
de mujer mal amada.
Te he buscado hasta en la rueda,

en la barca donde los náufragos descansan.
No pude encontrar tu silencio.
No puede hacerme agua para protegerme de la orilla
filosa escondida en tu garganta
por donde tus espantajos me llaman.

Me llama...
          [Yo no puedo acompañarla a su mundo de sueños
marchitados.
La cabeza de Medusa crece bajo sus pies de arcilla.
De hielo y de piedra son sus pasos.
No puedo seguirla desde mi infierno.
Mi madre tiene una cobra enjaulada en su fragancia
de huesos y escarcha.

Llega un momento en que decides partirte
               [Preservar la otra mitad de las sombras
que aún queda por salvarse.

La rabia florece en el nombre de mi madre.
Le he prohibido a mis letras
mencionarlo.

II

En las manos de mi madre llora un perro desnudo,
un perro las camina descalzo.
Un niño azuza la vida en su cola,
estudia en la escuela el hambre
con sus ojos redondos,
dos platos vacíos,
dos agujeros prosperando
en el mismo abismo de su pecho flaco.

Aprendió a escribir la rabia en los espejos.
Conoció de todos los ojos, de todas
las soledades.

Aprendió del amor que provoca el llanto,
del odio que regresa más fuerte en las patadas.

Un perro olvida las sonrisas del amo.
Un perro muerde lentamente su silencio.

Mi madre ya no sabe qué hacer con su perro.
No supo que hacer con sus hijos
cuando la noche la dejó descalza.

Por eso le enseña a su perro a escribirla.
Por eso le enseña a sus hijos a olvidarla.

Premio del Festival Internacional de Poesía de Puerto Rico Francisco Rodríguez Nietzsche en 2017

*Reflexión Primaveral
Acrílica-óleo/tela –
28x24"– 2017*

Jessica Jazmín García Vázquez
(México-Ciudad)

Maestra por vocación, escritora por necedad y mujer inconforme por nacimiento. Estudió Lengua y Literatura Hispánicas en la UNAM. En 2012 ganó el VII Certamen "Palabra en el viento" en Ecatepec con un cuento de su autoría. Colaboró con la revista Sancara del 2012 al 2013, ha participado en distintos coloquios lingüísticos y encuentros literarios, y recibió el premio a la excelencia docente que otorga la Alianza para la Educación Superior (ALPES) en 2017, por su labor como profesora.

Cruces rosas

Siempre junto a la pared, lejos de la orilla,
y mientras procuras no estar del lado equivocado de la banqueta,
te preguntas por qué Dios decidió nacer hombre...
de tu costado brotan astillas.

Clavas cruces rosas,
miles y miles cada año.
Duele el cuerpo porque no es guarida
sino invitación de ultraje.
Gritas, luchas, das vida...
y aun así no te alcanza para valer como humano.

Recuerdas a tu madre humillada,
visitas la tumba de una abuela sumisa,
y tientas la herida,
el abismo que te señala vulnerable;
tu vagina,
arde, se mutila y se desgarra.

Amamantada por el seno perseguido (no existe leche más amarga),
naciste del lado equivocado,
aunque camines del lado correcto de la banqueta.
A la virgen, se le festeja,

a la madre: flores e idolatría,
pero mujer en sí, se te persigue, golpea, viola y asesina.

Tu madre marchará siempre con tu nombre,
llorará por tu sombra,
y serás sólo otra noticia,
la tumba que indigna, pero no se llora ni excava,
un recordatorio amargo para nosotras.

No, ser mujer no sabe a vida,
es una muerte prolongada.
Me duele mi sexo,
y el sexo parece ser lo único para lo que sirvo.

Si voy sola en la calle, corro.
Si veo a un hombre, lo esquivo.
Si es demasiado el dolor, la rabia y el miedo,
recuerdo que (de todos modos) ya estoy muerta,
y entonces escribo.

Encuentro íntimo
11x15" – Acuarela/papel – 2016

Laura Moctezuma Rivera

(México-Metepec)

Desde muy corta edad inició escribiendo versos y participando en los festivales escolares declamando a diversos autores. Desde joven fue invitada a participar en recitales donde incluía algunos poemas de su autoría. Se trasladó al Estado de México (Metepec), donde incursionó también en las artes plásticas. Desde hace cinco años ha llevado a cabo quince exposiciones de pintura (acuarela, acrílico y óleo) y en poesía ha formado parte de la antología "Nuestra Voz" con autores. Su producción literaria en la poesía destaca en tres vertientes: Canto a la cotidianeidad, canto al espíritu y canto de protesta. En el 2016 se musicalizaron 16 de sus poemas a trova en la voz del cantante Andrés Herrera.

No encuentro palabras

No encuentro palabras
para describir la soledad
que envuelve...
la soledad que te aleja y va
haciendo suyos tus sentidos,
tus latidos, tus sueños y
pensamientos, tus sentimientos.
Que has dejado en el silencio del
camino por donde tus pasos
alguna vez tomaron rumbo
al encuentro de la vida.
Es esa soledad que te despoja
poco a poco de la esperanza
de la fe, de la justicia para ti misma.

Caminas como una sombra, de prisa,
sin aliento, perdida en la profundidad
de los letargos, de las horas que se
alargan...de los sueños que se tienen
guardados en el absurdo silencio.
Tus pies cansados de huir por

la senda oscura, gritas y tu voz no
se escucha...llanto interminable...
dolor, oscuridad profunda, caes en
el abismo de las sombras, tus párpados
cierran de la lluvia de tus ojos...nada
esperas...nada a tu lado, soledad
infinita, distancia de tiempo de
espacio.
Aún recuerdas el dolor profundo,
las heridas ciegas en tu cuerpo insomne...
lejos de todo...te arrancaron el alma,
los abrazos tiernos, la flor de tu vida...
tus risas, tus sueños.
Allí, en la soledad, en una burda zanja,
han quedado rotos tu libertad, tus
derechos.
Al ras de la tierra llora una mujer...
abraza a su hija, que, entre la hojarasca,
débil y cansada, atadas las manos...
los sueños ya rotos, las alas plegadas...
dejó de vivir.

Lu Schaffer
(México-Cuernavaca)

Nació en Cuernavaca, Morelos, MX. Soy novelista, poeta, tarotista y bailarina de danzas gitanas. Autora del libro "Casa de vísceras". Y no me gustan las semblanzas.

Una mujer en la casa

Carne de mundo fraguando.
Mujer sin puerto ni amarras
asediada por los pájaros.

Casa, entrego el canto
de las brujas calavera.
Una tenía mantas
a la sombra de la ceiba
la otra, como yo
lamía tu flor de esperanza.
Mujeres que amaron el fuego
y en el amor murieron quemadas.

Una mujer en la fragua
el barro del mundo fraguando,
mujeres de arcilla olvidada
moldeadas por los años.

Casa, entrego el tambor
de las hermanas alzadas.
Una blandía sus brazos,
reventaba todas las máquinas.
La otra besaba a su hijo,
corazón pesado de balas.
Hijo, temo morir
en las páginas de una barranca,

y temo más abandonarte
en esta tierra desterrada.

Una mujer en la casa,
el pecho del mundo fraguando.
Una mujer tormentosa
atormentada por sus pasos.

Conozco madres y hermanas
de nubazón retorcida,
convierten la luna en ajo,
rotas fieras contenidas.
Nahualas que rompen nahualas
y escupen al corazón.
En sus venas no fluye sangre
sino zumo de limón.

Un reflejo en la ventana,
besos de odio fraguado.
Mujer, no sabes que fraguas
pelear con los ojos cerrados.

Niña antigua en la escalera,
silencio de llanto quemado,
en las comisuras de sus ojos
el dolor del mundo atorado.

Mujer de manos teñidas,
mujeres de huellas largas,
mujer de hiedra torcida,
mujeres mazorca y masa.

Abuelas hervidas en sangre,
madres de voz calcinada,
esposas forjadas de carne,
memorias de casa cortada.

Ma. Santa Rodríguez Alviso (Santa Rodal)
(México-San Luis Potosí)

Escritora de poesía en verso libre, prosa poética, y narrativa. Participación en los Encuentros de Mujeres Poetas en el Valle del Tangamanga S.L.P.2011 y 2013, Encuentro de Mujeres Poetas en el País de las Nubes 2013 Oaxaca, Recital Homenaje a Emilio Fuego 2014 auditorio Octavio Paz del Senado de la República, VIII Encuentro de las Artes 2015 S.L.P., III Encuentro de Cultura S.L.P.2015. Integrante del Taller de Análisis y Creación Literaria del Museo Nacional de la Máscara" 2010-2015.Publicaciones: Antologías "Centinelas de la palabra" y "Diez Voces y un Océano". Conductora del programa radio vía Internet "La Palabra en Soledad" lectura de poesía.

Mujer en luz

Ella espera
se vuelve luz en la configuración de su sangre
siente las estrellas agazaparse en los rincones del vientre
para escuchar el respiro de su adentro
y medirle los latidos

A dónde irá la vida que lleva en sus entrañas
Acaso regresará a ella en el infinito del tiempo
A ella
que ahora la incuba y mira al cielo para implorarle
que su fruto no sea mancillado por el salvaje
 llámese hombre
           animal
           bestia
que camina por el mundo aclamándose humano
                              humano que pega
                                  que lastima
                              humano de piedra
                              humano castigo para el humano

Ella espera
y tiene miedo
más su debilidad es fuerte para escuchar el llanto
                                    llanto que ella beberá
                                    para destilar la sal de la sangre
                                            en sus entrañas

Ella espera
la luna atavía con esplendores sus ojos
levanta su rostro
Espera.

Intimidad Dorada
12×10" – Acrílica-óleo/tela – 2015

Mar Barrientos
(México-Ciudad)

Nace en México, ha publicado los libros Mariposas de Luna, Lubam, compiladora de Antología poética diez voces en el canto de Edrielle, libro Mujer ámbar Libro Nº 14 de la Colección Poetas Mexicanas, país Vasco, febrero 2016. Ha participado en Grito de Mujer "Flores en el Desierto", recibe la Presea en Artes y Letras Zinacantepetl 2016, ha publicado parte de su obra en México, España, Isla Negra Chile, Brasil, actualmente coordina de Isla Negra en México el libro de oro de los niños de la tierra, del círculo universal de Embajadores de la paz, Francia- Suiza "Los niños de Paz" de Poetas del mundo Isla Negra.

Topografía de la violencia

¿Qué es la herida que flota en el viaje entre los cuerpos y la cicatriz de la memoria?

El destino no ha de ser mañana nota roja
somos realidad, ciudad del grito, guardamos la hora exacta en el reloj,
evitamos andar a solas, la mañana del zapato alto,
vigilamos mientras se transita los espacios,
en el fondo del closet se guarda el vestido corto,
volvemos de la calle incompletas,
heridos de muerte y miedo,
ponemos sobre la herida un ramo
voces gritan libre... vivas ... libertad,
escribo al lado de un gato amarillo.

La herida   es de todos, las efímeras,
evitamos ciertos abrazos
ignoramos la selva de la muerte
las rutas nos desacomodan de vida.

Sí,
pero tenemos manos para limpiar las heridas

No, que no desangre la ciudad
ata el conjunto de tus partes con cintas moradas,
con las manos detén la sangre,
rebana ciruelas rojas y fresas,
sacude polvo y silencios detrás del color la ruta del sol.

Tres sombras de guitarra son latido,
tenemos manos, necesidad de la semilla,
un corazón lactante,
las lenguas de las manos nos regresan hacia los terrenos de luz,
las tuercas se aprietan
parpadea la luz verde del bafle,
manos mueven redes.

Ya no desangra la ciudad,
suelta el cabello vuelve a tus dedos circulares;
arden
ave en el espacio rígido,
viento que vuelve a los universos de tus manos.

Otoño en Primavera
30x24" – Acrílica/tela – 2013

María del Rosario Lizama
(México-Mérida)

Escritora de poemas y cuentos. Maestra jubilada, Nació en Mérida, Yucatán el 13 de septiembre de 1957, Promotora de la poesía en el Estado de Campeche donde reside desde hace seis años. En el 2014 formó en Campeche, Campeche, México, el Grupo de Escritoras "U Yaal Ma Uj" (Hijas de la Madre Luna), siendo Coordinadora del mismo, ese mismo año la UNID Campus Campeche, le otorgó un Reconocimiento y Medalla, por su Contribución a la Educación con Valores en la Sociedad.

Debería

Debería estar cantando
mientras te tejo una frazada,
el invierno se acerca
y tu manta de tan vieja no aguanta más el frío;
debería cocinar tu guiso preferido,
ah, el guiso que tantas veces devoraste
con la sonrisa de oreja a oreja.
Llegabas a las tres con el sol reventándote en la cara,
la camisa manchada de sudor
y tus zapatos con muchos kilómetros de polvo.
Apenas refrescarte comías
un poco de frijoles, chile, y tortillas,
platicábamos de todo, no teníamos secretos;
luego, nos íbamos a atender a las gallinas
y a trabajar la tierra hasta ocultarse el sol;
después de hincar el diente a las tostadas
nos íbamos por fin a descansar.
Entre sueños te escuchaba dando vueltas en tu cama
tal vez pensando si alcanzarían los centavos
para algún cuaderno, preocupado por la cosecha,
o soñando en mejor futuro...
Te fuiste muy temprano,
te di un vaso de leche, algunas galletas,
un beso en la frente y mi bendición...

Ya no vi otra vez el sol reventando en tu cara,
nunca más volviste.
Te he buscado desde entonces
hasta fragmentarme,
te he llorado hasta casi morirme.
Esta mañana me he despertado con las ganas
de no pensar en cosas tristes.
Agarrar la gallina más grande,

cocinar el mejor puchero, preparar las tortillas;
hacer de cuenta que nada ha cambiado,
repetirle a mi cabeza que la vida es hermosa,
que hay que seguir adelante;
poner la mesa, y esperarte para platicar.
Pero hoy,
otra vez es una de esas mañanas
en las que apenas bajé los pies de la cama
me puse a llorar.
Recordé tu cara de sol, tus ojos de pájaro
pintados de esperanza,
tus manos de cobre trabajando la tierra,
tu risa de maíz extendiéndose sobre la montaña
tu voz de relámpago augurando un mejor mañana...
De nada serviría tejerte una frazada
ni hacerte el mejor puchero;
ya no regresarás,
ni tú, ni tus pobres zapatos
llenos de kilómetros de polvo,
porque dejaron vacío tu pupitre
y el de tus cuarenta y dos hermanos.
Soy de las cuarenta y tres madres
que no tenemos dónde rezar,
lloramos en cualquier lugar
bajo la luna de piedra blanca
bajo el manto de la maldad que nos cubre
como una frazada oscura y trágica.
Descansa hijo mío,
algún día he de encontrarte...

duerme, rezaré por ti,
guardaré en mi corazón todos los colores
que brillaron en tus ojos.

Debería estarte esperando alegre...
tejiéndote una frazada
en cambio, lloro por ti, tejiendo mi mortaja
y aguardando con ansia que llegue
la hora de volver a vernos.

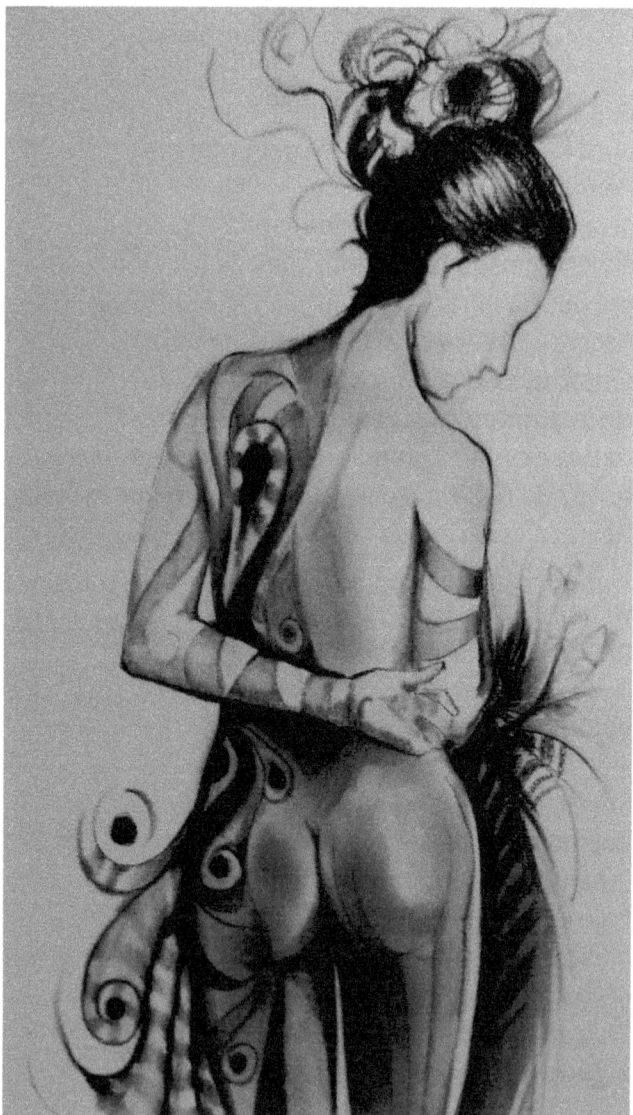

Reflejo de una Expresión
51/2×81/2"
– Grafito/papel – 2016

María de los Ángeles Manzano Añorve
(México-Chilpancingo)

Profesora de literatura en la UAGro. Ha participado como ponente en diferentes congresos nacionales e internacionales. Entre sus publicaciones se encuentran: Reunión de Nuevas Voces Guerrerenses, 1960-1990. Ediciones EON, México, 2012; El Sentido Místico-Erótico en la Poesía de Enriqueta Ochoa. Ediciones EON, México, 2011, entre otros. Directora fundadora de la Revista Hojas de Amate. Fue Directora General del Instituto Guerrerense de la Cultura. Fue directora del Museo José Juárez de Chilpancingo. Promotora cultural desde 1980 a la fecha y feminista militante, es miembro del Grupo Plural por el Avance de las Mujeres y del Seminario de Cultura Mexicana corresponsalía Chilpancingo, Gro.

En esta hora terrible
Para Ethel porque la considero la hermana mayor.

En esta hora terrible
cuando la luz se pierde
                    en el horizonte
cuando el tiempo se desmorona
en pequeños vidrios rotos,
vidrios que pisamos con los
ojos extraviados en el dolor,
cuando los sonidos
se amplifican explotando en los oídos
de un cuerpo desgajado.

Cuando las hormigas dominan la tierra
porque el tiempo se ha detenido
a mirar mi tristeza más profunda
en mi huerto desperanzado.

He olvidado las flores y su aroma
un sol descosido en la rabia
de un cielo nublado y frio
nos abandona en la orfandad,
en la intemperie.

Afuera, las calles grises
habitadas por el tedio de un domingo
en una sala de espera
sobre sillas duras y frías.

La tristeza gris
a punto de tragarme
mientras un aire del norte
apunta como flecha
en mi garganta adolorida.

Empequeñecida por el dolor
me envuelvo en el plomo
de la tarde de invierno,
las hojas secas
caminan lentas
como viejo decrepito
Las golondrinas bajan de los cables
curiosas y tristes
para mirar mi rostro consumirse
en espera de los informes clínicos
mientras yo platicaba con las paredes frías
de amplios pasillos con olor a desinfectante
sonido de pasos apresurados de zapatos blancos
el tic tac del reloj que marca el pulso
el movimiento almidonado de las batas blancas,
el soplo del baumanometro digital,
la revisión del Electrocardio,
Equipo de Rayos Gama,
Citoscopio, nebulizador de compresor
y toda la parafernalia de la terapia intensiva.

Lograba escuchar el menor sonido
el movimiento de mi intestino grueso,
la cavidad palpitante
de mi agitado corazón,
buscaba una explicación
en la bocanada de humo

de mi vecino de enfrente
que como yo
enterraban la mirada
en busca de respuestas.

Así corrían los días,
como agua estancada
de aparente inmovilidad
con olor de pantano
a musgo podrido
y flores carnívoras
de fingida quietud
y   sonidos sordos
de un llanto viejo.

el mundo sucumbió en un instante
empequeñecido
sin mapas, sin noticias
era un estar aquí, inmóvil
en la espera
de un si o un no
que cambiaría inexorable
el rumbo de mis días.

Los designios de Dios
Son insondables
y se hará su voluntad
en el cielo como en la tierra.

Es hora de la fe
tiempo en que anochece
la esperanza humana
en que la paciencia exige santidad
no cultivada
tiempo de templanza
de oraciones
de cerrar los ojos
y pedir con todas las fuerzas

y se hará su voluntad
en el cielo como en la tierra.

Las hormigas eran las amas de la nada
se había devorado toda la galaxia
comandaban las enormes naves marinas
protegidas con cascos y metrallas
con sus ojos de hormigas poderosas
me miraban comprensivas
el mundo no se acaba
la vida sigue a pesar de tu congoja.

Después del dolor no queda nada,
ni el brillo de sus ojos
ni mi pulso acelerado
ni los rezos aprendidos en la infancia
nos quedamos solos
en la desesperanza
de los sin fe
solo la certeza de que Él
nos escucha y acompaña
que no nos deja solos
y que en su presencia luminosa
nos descansamos.

María Elena Solórzano Carbajal
(México-Ciudad)

Nacida el 9 de abril de 1941 Delicias Chih. Poeta y Cronista de Azcapotzalco. 22 libros de poesía publicados. Los más recientes: Los enigmas de la Esfinge 2014. En la Artesa del sueño, Edit. Floricanto, México, 2015. Briznas de metalenguaje, 2016. Ha obtenido varios premios nacionales e internacionales. Presea Coatlicue, Comuarte Internacional, 29 de marzo de 2014 en la Sala Manuel M. Ponce, Palacio de Bellas Artes. Presea Coyolhuaqui, ACDFZC, trayectoria cronista.

Frida Mariposa
Fragmento, dedicado a la memoria de Frida Kahlo.

Pies para que los quiero si tengo alas para volar.
Frida Kahlo.

¿Quién cercenó la promesa de tus alas?
¿Quién mancilló tu vestido de amapola?
¿Quién jugó la daga en tu pequeña boca?
¿Quién enzarzó tu cuerpo durante el Equinoccio?
Allí quedaste con el aliento envenenado.
Allí quedaste con las pupilas inyectadas y vidriosas.
¿Cómo decirte que me duele tu martirio?
¿Cómo llorar contigo si tengo el corazón vacío de nidos,
herida mariposa?

Nadie mira tus últimos temblores,
el iridiscente polvo de tus alas ha caído
y tu boca liba el último néctar de amaranto.
Nadie impide que tu esbelto cuerpo
sea atravesado por varios alfileres.
Nadie sollozará
si mueres mariposa,
si se rompen tus alas de cobalto,
si bebes una copa de veneno escarlata,
si escapa de tu ser el vino de la tierra.

En cualquier lugar
pueden lapidarte, llamarte ramera
o desprender tus élitros de Luna y de arco iris.
Nadie hará un juicio frente a la Plaza de Armas
porque masacren tu cuerpo de sílfide nocturna.
Nadie llorará
sobre tu cadáver, Diosa del Aire.
Nadie pedirá
que descanse tu polvo
en el negro vientre de la madre.

El mundo de las mariposas
puede destruirse en un instante.
Quizá se derrumbe
su palacio de flores y tristeza.
Quizá sea arrastrada
hasta los abismos del demonio
que habita en el desfiladero.
Quizá quiera llegar hasta la estrella
para quemarse y resurgir de las cenizas.
Quizá una noche, por la sed,
baje a beber al río y quede para siempre
convertida en resplandor.

Solitaria mariposa
la huella del jaguar
te lleva hasta el pantano.

En la superficie cintilan las estrellas,
esos destellos te subyugan,
caminas hacia los resplandores.
Los humedales te engullen.
Cuchillos de obsidiana
te siegan los alientos.
En las entrañas de lo negro
¡qué larga la agonía!
¡qué soledad de metales en esas lobregueces!

María Farazdel (Palitachi)

(New York-Rep. Dominicana)

República Dominicana. Poeta, conferencista y editora. Premiada por el Latino Book Award, 2017. (AWA). (PD) Long Island University (CWP), (MA) Fordham University, (BA) Hunter College, City of New York. En Bolivia recibió la condecoración de 'Embajadora universal de la cultura' avalada por la UNESCO, 2014 y 'Embajadora honorífica de S.I.P.E.A.'. Reconocimiento por difundir la literatura latinoamericana, Proclamada por la alcaldía de Nueva Jersey, 2017. Traducida al inglés, francés, italiano, serbio, árabe y portugués. Miembro del PEN Club of America. Libros: My Little Paradise, Entre voces y espacios, De cuerpos y ciudades, Las horas de aquel paisaje, Once puntos de luz, Infraganti, Bitácora del insomnio la Trilogía Voces de América Latina (I-III) 2016 y Voces del vino 2017. Figura en más de 30 antologías.

Sus sueños, nuestros sueños
A las Lucrecia de Shakespeare

1
Una mujer no necesita vestirse ni desvestirse para padecer de los dolores y llantos que carga: grita en silencio los malestares de su entorno. Cada uno de sus pasos es una huella que acuna la cosecha de la historia. Aunque sea mordida por la rabia del camino hecho de esfinges, su andar no divaga entre ellas haciendo su propia ruta. Transita hasta con los ojos cerrados.

2
Ella es un poema ecléctico al vapor de Gardel de Neruda de Vallejo y el verbo dariano, sin dejar de ser una Julia una Marie Curie una Rosa Luxemburgo, una Maga de Cortázar.
Ella es la que tantos no saben leer...

3
La otra mujer es ella misma sin temer a la necesidad de cambiar la olla por una sartén eléctrica para sentirse moderna. La otra mujer tampoco necesita continuar estirándose el pelo o ponerse gel para rizarlo a la moda.

4

En un viejo baúl sella los ojos de la sociedad que rechaza sus líneas de aprendizaje por los caminos abiertos. Ella no debe beber los sinsabores del círculo en Whisky Sour cuando se embaraza y se entierra viva con un: «hasta que la muerte nos separe».

5

Ella no necesita jurar por lo incierto del ejercicio social ni por la mentira de ninguna cruz. Treinta años atrás despertaba a las cinco de la mañana, peinaba a sus hijos y prendía la leña para el café del marido.

En los hallazgos de sus sentimientos y lealtades le secuestraron su tiempo, la libertad en una ciudad con el mismo apellido que las demás. Al sol de hoy ella asume su mea culpa sin plusvalía de los fenómenos sociales.

6

Las voces están sordas. Las lagunas crecen, contaminan su belleza mientras en deuda con ella misma mora su búsqueda como la bola negra en una mesa de billar.

7

Su ella invisible vomita lágrimas por los órganos apagados del rechazo (a destiempo). A veces (sin querer) la convierten en la reina del caos.

8

Yace un ovario fallido. Descuida los senderos de sus órganos y el creer la hace tener hijos de nadie. Sin fin de cuentas carga en la conciencia a las dos de la mañana la hija que no llega en el viento gélido de media noche.

9

Una mujer se duele a sí misma en el silencio del rechazo.

10

Otras voces la aíslan, la entierran; y, aun así: No le pueden diluir sus sueños.

María Marta Donnet

(Argentina-Pilar)

Nació en 1956 en Carcarañá (Argentina). Tiene publicados 4 Poemarios y un libro de Microficciones. Ha participado en diversas Antologías en Argentina, España, Chile y México. Invitada a Festivales de Poesía Internacionales. Defensora de los derechos de la Mujer tiene publicados varios Poemas que tratan el Femicidio y que, reivindica la no violencia hacia el género femenino defendiendo sus derechos.

Parir la sombra

En el bastión oxidado me refugio
por los siglos del invierno. Los cuervos son racimos
azules en este paisaje óseo. La noche cierra de golpe
apagando el cielo. Son devoradas las estrellas
por la bestia que pone sus huevos
en las nervaduras del hombre. Supe
que no podría escapar. Salieron voces desde el vientre
llorando como niños destetados de su madre. Embriones
en los polos del mundo rezan.
Un último deseo en ese delirio de feto
que no se rinde. Y somos dos ahora.
Dos con la angustia. Tantas encarnaciones
en este mismo parto. En un solo parto.
Me refugio de mí.
Azul.
Desnacida.

María Martha Paz

(Argentina-San Martín de los Andes)

Nací en Buenos Aires. Colaboré con el diario La voz de los Andes de SMA. Los cuentos "Misterio en la biblioteca" y "El puente" recibieron premios y menciones en diferentes concursos, mientras que "Cartas echadas" fue publicado por la editorial mexicana Chirimbolo. "Un camino y un secreto" y "Cuento animal" fueron seleccionados por la cátedra Lenguaje Visual de UNLP para ser ilustrados digitalmente. Publiqué las novelas "Cíclopes del Mar" y "Ella sabe" que fueron reeditadas. La poesía "Hoy voy a ser normal" forma parte del libro "Micrópticos".

Nudos

Y el nudo se desata
Aquel nudo que era de yute duro
    de repente es seda suave
Por la garganta vuelve a circular saliva
Empujando la bronca que se había trabado
No tragamos más ni sapos ni ranas
La paz se desliza sin obstrucciones
Sin pelos en la lengua
Sin bolas de pelo atascadas
Libre

Aquel nudo marinero que nunca supiste
    cómo se ató se deshace
Y las palabras pueden salir
Y el aire vuelve a circular
Y los ojos dejan de actuar
Y pueden elegir qué ver
Y las manos no son más puños
Y los dedos se estiran y acarician
Y los brazos se abren para abrazar
    lo bueno que está por llegar
Y podemos respirar
Aire fabricado en paz

Sin vicios ni ruidos
Aire de verdad
Oxígeno no envasado
Motor fuera de borda
Y sobrevivimos en un mundo machista y retrógrado
donde el sexo es moda
        y no es amor
Donde el cuerpo es víctima
        y no templo

Ya está
Ya estamos
Nos encontramos
Nos desatamos
Lo peor ya pasó
Sólo queda vida
Sólo queda paz

María Victoria Caro Bernal
(España)

De Málaga (España) 1960. Es poeta, actriz y gestora cultural, licenciada en Filosofía y Ciencias de la Educación y en Arte Dramático. Obtuvo el Primer Premio de Poesía Antonio Machado de Jaén (1986), por su poema "Profecía del bien intrínseco del alma. Dedicado a la paz". Ha publicado Lino blanco un cuaderno de once poemas (1986). El poemario Tierra amada. Espíritu de perfección (2014) En edición bilingüe: árabe y castellano (2018). Escribe poemas solidarios de compromiso social, en pro del pueblo palestino, de los refugiados sirios y contra el abuso a la infancia. Ostenta tres cargos honoríficos del Ateneo de Madrid. Es presidenta de la ONG Tierra y Culturas y es también consejera de la asociación internacional Poetas de la Tierra y Amigos de la Poesía, POETAP.

Cordillera de pechos azules

Madre Tierra, piel de paisaje cobrizo y aromático,
tus hijas, las que baten desde tiempos las arenas
y lanzan sus plegarias cantadas a coro,
 buscan las orillas, que son los caminos,
para escapar del tumulto, la asfixia, los trenes.

Tus senos vivos al aire para nublar el espanto
de agazapadas ánforas de quietud bañadas,
acristalado tiempo de gélidas gotas,
 rocas humanas esperando ser barridas.

Jóvenes doncellas que emanaron sangre.
en vez del alimento dulce que moja besos.
Fallas hirientes, almas rendidas.
Firmes purezas, desnudas modeladas,
¿dónde vuestros cuellos descansaron?

Tanta humanidad jadeante
arranca a saltos de su cobijo
el terciopelo fino.
Tu arte, Madre Tierra, destruido
con desafinados manotazos sin armonía.

Pasarán noches y amaneceres
por tus valles, hasta que se rompa
ese camastro donde dormita la justicia.

Sin vida. Nos quedan las lágrimas.

Estudio en Acuarela II
11x15" – Acuarela-carbón/papel – 2015

Mariángel Gasca Posadas

(México-Agua Dulce)

Mariángel Gasca Posadas. Agua Dulce, Veracruz, México. Poeta, ensayista y gestora cultural. Maestra Normalista, artesana, terapeuta en medicina alternativa. Mediadora de Salas de Lectura PNSL. Funda y dirige la Sociedad Mutualista de ArteSano del Mar, 2006. Directora general del Festival Internacional de Lectura "Agua Dulce, Caracola". Sus textos han sido publicados en diversas antologías y dos poemarios. Ha participado en varios encuentros de escritores nacionales e internacionales.

México: Cuerpo mío. Mi Cuerpo: México

Discurre la lluvia sobre mi cuerpo
promesas incumplidas,
murmullos de protesta
contra gobiernos misóginos
oscuras voces enajenadas.

Mi cuerpo   tu cuerpo   nuestro cuerpo
Violado   humillado   olvidado.

Millones de gotas inundan
un territorio llamado Mujer;
agonizante sucursal del
placer político, puesta
en venta prenavideña.
¡Ja! Quizá en oferta, después
de muchos años en exhibición.
Aparece en primera plana
¡Gran inauguración, asiste!
Habrá bellas modelos
pasarelas de ganchos-cuerpos,
mientras el orden del día
de Amnistía Internacional,
"desaparece", igual que los
feminicidios de Cd. Juárez,

en un pequeño apartado
del periódico local.

Al parecer sólo quedan:
Hombres sin memoria,
legisladores mezquinos,
desahuciadas conciencias de
dos aguas, en búsqueda del poder:
Virus letal, fatal, fecal.

Lo único que nos salva:
-el amor mutuo-.
La convivencia
en un mismo domicilio
dividido en 32 estados de sitio:
M É X I C O.

México entre partidos
Partiendo a México.
México, cuerpo mío.
Mi cuerpo: México.

Extremidades no sujetas
al poder del ayer y hoy
detienen el ecocidio,
desafían la vergonzosa ceguera
de un estado suicida y mudo.

Lluvia soy, bébeme
Tierra soy, cultívame
Fuego soy, incítame
Aire soy, respírame.

Naces de mí y en mí, respétame
¡Mujer y Madre soy!
Aunque enterrado tenga
el dolor de todos los tiempos

apartaré la muerte
del desconocido camino
de tu vida.
Amo tu mundo
y tu mundo me ama en el olvido.
¡Soy Mujer,
Aquí Estoy!
Alimentando sueños neonatos
sin traspapelar mis sentidos
para no caer
en el abismo de la culpa.
Niña Colibrí- Niña María
Abran la cortina
México. . . cuerpo tuyo soy.

Sueño de un Romance
40x30– Acrílica-óleo/tela – 2015

Marisol Barahona Hernández

(Bogotá-Colombia)

(Bogotá – Colombia 1992) Poeta, soñadora y docente. Es licenciada en lengua castellana, inglés y francés por la Universidad de la Salle y candidata a magister en literatura por la Universidad Javeriana. Actualmente se desempeña como docente en la Universidad Pedagógica Nacional. Ha sido colaboradora del Festival Internacional de Poesía de Bogotá y de la revista de poesía Ulrika, sus textos han sido publicados en periódicos como Crayola, Expresión libre, Aldabón y revistas como Ulrika y antologías como la del Festival de Poesía de Fusagasugá. Ha sido poeta invitada al el IV Recital de poesía Universidad de la Salle, las VIII Jornadas Universitarias de Poesía Ciudad de Bogotá y al V Festival de Poesía de Fusagasugá. Tiene en preparación su primer libro.

Lo que pudiera ser

Es difícil escribir un poema a la madre
Que desajuste lo que se ha dicho que son
Que desdibuje el sacrificio extendido
Que por amor a Dios no pierdan su nombre
Y el lujo de la soledad,
el valor de ser ellas...
Se vuelven dos
Y en su nombre
Todas.

Mónica Reveles Ramírez

(México-Durango)

Licenciada y Maestra en Administración, UJED, UoP. Poemarios: Granos de Arena (1995), Por el camino de Eva (2001) Metáforas al Incendio de Sombras (2016) y El poemario de las Muñecas Rotas (2017). Antologada en: Poesía Joven, del siglo XX al tercer Milenio, CONACULTA 1999 y en IX y XXII Encuentro Internacional de Mujeres Poetas en el País de las Nubes, entre otras. Publica en periódicos y revistas locales, nacionales y sitios web. Becaria del FONCA Durango 1997 y 1999. Premio Estatal Juvenil de Poesía Durango1991 y Premio Estatal de Poesía Olga Arias, 2002.

Parte III. Memoria de la huida
Del Poemario de las muñecas rotas

I

Ser la que se va
y pensar en no volver nunca a la jaula de las desilusiones
no es una decisión fácil:
Volver al cobijo seguro,
diamantes, luces,
escenarios,
oro que mata todo deseo de amor,
de lujuria.
Besos robados, apariencia en traje fino
social relación segura arropada en vanidad.
Volver
a los barrotes del poseedor
del "eres solo mía".
A cambio de seguridad que ata
conveniencia que perdona todo
ser la siempre bella y amada mujer que da y atiende.
Con un hombre que ama, ata y besa,
amor prestado corazón de lata
ser sin palabras poseído por su ego
gran soberana de amor.

Soy la que no volverá
la que cerró la reja
huye para amar,
mujer en plenilunio
y vivir esta vida que se consumía
entre cirios.
Ser paloma que encontró el hilo del cerrojo
desató, a pesar del sangrado,
cansancio por volar
alimento tardío
con la marca del miedo

II

Sin mirar atrás, huyo de Sodoma.
Voy camino al norte,
a luz que rescata de esta podredumbre
de esa ciudad que odio, envenena las entrañas.

Voy a la urbe,
al hombre desconocido.
El instinto no se equivoca cuando las cosas van mal.

Nos lleva a otros sitios.
y saca del mar como tesoros en orillas.

Estoy en sus arenas,
llegó a la isla virgen
a un destierro voluntario.
Soy aun así la pecadora,
que labra otro destino,
sin miedo.
la que olvida el daño
sin rencores,
con el perdón de un santo y sus plegarias.

La que lava en el mar lágrimas,
que ya no brotan,
y vuelve a mirar a lo ancho las estrellas,
la que empieza otra vida
como ave fénix
con veladora nueva,
un nuevo dios para adorar,
el hombre amado, que me toca las piernas
y me cobija con su cuerpo
un vestido de luces para no perderme,
y mil talentos por repartir.

Soy la que baila a lo largo de la playa
y mira en el horizonte un barco que se aleja,
la reina de esta isla de amor,
por donde nace un sol que ilumina los vacíos.

III
Como un destello del vacío.
Como la última lágrima del olvido.
Llanto
Llanto.
Susurros.
Manos que inician su vuelo en la fragilidad.
Sombras que llegan del exilio.
Canto para olvidar.

IV
Naufragios
Destellos,
salir del laberinto donde el fauno estuvo a punto de vencer,
pozo de lágrimas
trepar por el cuerpo como una enredadera
escalera de luz
trapecio sin obstáculos
y volver al pozo

mientras tenga entre mis manos tanto amor
tu cuerpo,
esa entrega con la que eres tan grande
y esa parte de ti que late
y me hace pedazos el alma
volviéndola a juntar.
Tomo esas manos que te hacen tan mío
y las llevo a mi corazón lumbrera que se niega a salir
aterrado de tanto tiempo
sin sentir
sin latir
sin dejar el llanto que mane y lave.
Miro los caminos que atraen tu paso
nunca transitados
disfrutando las veredas del cuerpo.
Voy por tu vida
la tomo con alma y vientre.

V
Cantos para el que odia.
La soledad llega a mí,
con la amenaza de un cuervo que se burla
deleitada vivo
y la miro de frente como a mis iguales.
Hoy no le invito un café
pues esta amargura va más allá de su desprecio.
Esta maldición con la que cargo
este destino invasor
esta podredumbre que me sigue,
los mando al barranco más profundo
saco la cara
me paro de puntas.
Y con mi actitud desafiante los enfrento
este odio tan inmenso te lo dejo:
hombre de los mil años
usurpador de Dorian Grey,
hasta que la muerte nos separe.

VI

Experimento con las palabras
son lo único que me queda de olvidos.
Mas eres tu esa caja mágica por la que me asomo,
y brinco al baúl de las pérdidas
pues cada vez que mencionas la palabra olvidar
me das la llave a los recuerdos que no encuentro,
de los rostros lejanos
nombres de las ciudades andadas,
de los recuerdos que pensé
estaban calcinados por esta mente
y miro como a un corazón abierto.
Me reconstruyo.
Platico la historia de una vida en rompecabezas,
pues con ellos y tu palabra que invoca:
Vivo.

VII

Con paso de los lobos camino junto al mayor,
la manada se deshace
se desvanece nuestro paso por las noches
por los vientos
por los pasillos sedientos de lluvia.

Granizando
nos vamos
en medio de la tormenta, las pasiones.

Hoy me voy a otros vientos
a seguir al huracán
a mirar las tormentas que llegan desde el tercer piso
donde reposan los artificios, los anhelos.

Y el vino en mi boca
y las miradas que se van
y los golpes de esta marcha que no llega,
y donde todos se van menos yo

porque sigo esperando
que me lleve la tormenta.
que se cimbre la tierra
que nos inunden los ríos de desilusión
para lavar este llanto,
para cambiar esta piel
para tener otros brazos
llevarte en ellos como a un hijo nuevo a otra esperanza
y ya no tengamos esta lluvia en desencuentros
de tardes sin espera
de días sin amor.

Alegoría de mi Femineidad
Acrílica-óleo/tela -28×24"- 2014

Marta Ofelia Valoy

(Argentina-San Miguel de Tucumán)

Es Profesora en Letras. Fundadora y responsable de la Cátedra libre de DDHH de la Facul-
tad de Filosofía y Letras de la Universidad de Tucumán. Ha publicado artículos de opinión
en diarios y revistas locales e internacionales. Sus poemas fueron seleccionados en 20
antologías nacionales e internacionales (Argentina, Perú y España) En diciembre de 2012
y 2013 puso en escena dos obras de teatro breve de su creación:" Que el viento lleve el
olvido" Y "El zapato azul". Como poeta tiene dos libros publicados, y dos en vías de su
publicación. Por el poemario "Por la vida las palabras "recibió reconocimiento provincial
y nacional.

Elegías

El corazón teje y desteje penas
en la mitad de la tarde.
Se levantan las sonrisas desmayadas
de las ausentes.
Ellas, caminan debajo de la muerte
con la mitad de vida.
No fue un sueño,
existieron y eran alegres.

El aire del otoño estremece las heridas
pero ahora, no están solas.
Muchas voces,
miles,
rompen el silencio despiadado.
Los datos desesperados de las víctimas
desafían la sombra del miedo.

En las veredas pasea la indiferencia
cocinando neblina en las miradas.

La noche despide el atardecer con pañuelos negros.
Ellas saben que la alegría se hará

nuevamente imposible.
El dolor morderá la carne del alma,
apurará el desconsuelo
y ya no habrá
otra mano.

Sensualidad de mi Poesía
Acrílica-óleo/tela -28×24" – 2014

Nilda Leonor Allegri

(Argentina-Lanus)

Soy madre y abuela, estoy casada con mi novio de la adolescencia, estudié cuando era joven Psicología y ahora que estoy jubilada, estudio filosofía. Me gusta escribir. Trabajé siempre en el espacio público, fui psicóloga clínica, docente, directora de escuela de adultos.

El miedo

Depredadores sueltos
mascan huesito de pubis
después de devorar la carne
sobrevuelan el atardecer

ni siquiera pueden resguardarse
en sus casas de chapas
o en las carpitas de lonas
que recibieron para navidad
que se aparecen los vampiros
con palos de carne
y sopapos hasta morirse
y subir ellas angelitos
adonde ya no duele

y cuanta mano alrededor del cuello
sacando el aire, cuanto buzito entre los pastizales
envejeciendo al viento
sin que nadie lo encuentre

ella flota en el río hinchada
después se sumerge
pero en los ojos abiertos
se le quedó el miedo.

Norma María Guadalupe Zamarrón De León
(Guatemala-México)

Nació en la ciudad de Guatemala, el 21 de mayo de 1962. Hija de madre guatemalteca y padre mexicano, su vida ha transcurrido entre ambos países. Es escritora y poeta. Entre algunos de sus libros publicados se encuentran: La Cueva del diablo; Las antologías poéticas Pervirtud II, Poesía en rojo, Mujeres Poetas por La Paz, 2000 palabras 20 años después y Tamoanchan Yanxochikuikatl. Además de Oyiya Sepa, Toxtle uan san totoxtle, Mahuiltlajtol, El origen del chinelo. Imparte talleres literarios.

10 de mayo

Hay tanto llanto
en los ojos,
tanta muerte,
que andan los pasos
sobre tierra hueca.
Tierra sostenida por manos
que no alcanzaron a decir adiós.
La lluvia llega y de los hombres,
de los niños,
de las mujeres,
de las pequeñas
que se fueron sin ser vistas,
nacen las flores nuevas
de una primavera que inicia
con el silencio del dolor
no escuchado.
¿Dónde quedo su grito,
el terror de su aliento solitario?
¿Su agonía enterrada
en el útero cenizo de la patria?
¿A dónde han de cavar las madres
que buscan con pico y palas
al hijo que no volvió
para tomar la sopa?

¿Cuantos proyectiles se necesitan
para que una madre abrace,
al fin, bajo la tierra, a la hija amada?

Fértil es el suelo a fuerza de rojo riego.
La vida brota desde la muerte
y el canto de las bocas enmudecidas
guía a las buscadoras
que desentierran
el beso de despedida.
Hay tanto llanto en los ojos,
tanta muerte,
que tu cuerpo Miriam
se sembró de amapolas,
Y San Fernando, Tamaulipas,
recibió el ramillete de tu ser
sorprendido por las balas,
como regalo de un 10 de mayo
que labro heridas.
Pero otras bocas
han de seguir tu canto,
otras palas desenterrarán semillas,
otras madres podrán decir adiós,
otras velas serán encendidas,
otros hijos volverán a casa:
caminos que alimenta
tu amor no silenciado.
Toda la patria tiene fosas.

Norma Susana Argueta
(México-Ciudad)

Ciudad de México. Pedagoga y psicóloga de profesión. Colabora en Dgestmedia, con el programa de creación literaria "Estudia, crea, aprende". Editora de las revistas digitales "Estudía" y "La Palabra Real". Es promotora de lectura, en Escuelas Secundarias Técnicas. Ha sido nombrada Poeta de la Semana en NVINoticias, diario de Tuxtepec, Oaxaca. Su obra poética se ha publicado en "A contraolvido: poemas para la evocación de los ausentes" (Alja, 2015), la antología del XXIV Encuentro Internacional de Mujeres Poetas en el País de las Nubes (2016), "Viejas Brujas II" (Aquelarre Editoras, 2017), Tiempo Escarlata (2017), Mujeres Poetas en el País de las Nubes 25 Aniversario (2017). Actualmente prepara proyectos autobiográficos, de crónica y de cuento.

A ambos lados del espejo

No sé cómo hablar contigo. Te pienso y mi llaga se abre. Recuerdo tus pequeñas manos de niña, tus miradas cuando tenías miedo. Creció tu cuerpo, te hiciste adulta, pero tus temores se quedaron a vivir contigo. Vas y vienes, veo tu lucha, tus ganas de ser, transcurres invisible entre tantas voces que te aturden. Reclamas, exiges, lloras, te dueles sola. Buscas, te buscas, hurgando entre abrazos de púas, besos baratos y tu existencia magullada. Tienes los ojos de fuego, el alma inflexible y los pasos de viento enfurecido, escupes palabras y golpeas con el dolor de tu corazón. No he sabido cómo tejer nuestras vidas. Te has vuelto jirones en una madrugada fría. No escucho tu voz, la real, la nuestra, no veo los abrazos que nos dimos, las manos con que nos asimos, las lágrimas que lloramos juntas. No encuentro nada. Nos perdimos. Dos caminos oscuros y solitarios que anduvimos solas, buscándonos sin querer mirarnos. Y estabas ahí, sola, mi niña, urgiéndote por ser mujer. Hija mía, somos mujeres de este tiempo, andando descalzas por pedregosos senderos, heredando la tiricia ancestral, queriendo sonreír. No te enseñé a gritar ni a levantar la cabeza. Yo también tuve miedo, huyendo de las mismas voces que te intoxican, con los mismos golpes en el espíritu, con el temblor de las piernas y el frío en el cuerpo. Dame tu mano. No digas nada. Sólo deja un abrazo. Nosotras damos vida, pero antes tenemos que parir la nuestra. Iniciemos el camino juntas, que nuestra voz resuene tormenta, que nuestras palabras sean canto de estrellas luminosas, melodía que sane, miradas brillantes, ardiendo de vida y nuestros cuerpos –como templos sagrados- manantial de nuestros deseos. Soltémonos el pelo, cantemos, bailemos, andemos juntas sobre las brasas, con paso firme y glorioso, desafiemos al viento que nos golpea y soseguemos la agitación, susurremos la paz. Ven y duerme. Descansa, mi niña. ¡Vive! Mira tu espejo. Eres Mujer raíz, Mujer de viento, Mujer de nube y espacio, Mujer árbol de brazos completos, Mujer de manos en cuenco, Mujer que da de beber, Mujer que acuna su alma y canta al Universo, Mujer de sueños que no se quiebran, Mujer de voluntad propia, Mujer de cima, Mujer de aguas tranquilas, Mujer completa, Mujer de piel, Mujer de deseos y orgasmos, Mujer de vientre, Mujer de sabiduría, Mujer de tiempo, Mujer de mente, Mujer revolución, Mujer, eres Mujer.

Aleteos de Esperanza
Acrílica-óleo/tela -30×24" – 2014

Paola Cadena Pardo

(Colombia-USA)

De Bogotá, Colombia. Ha publicado Hotel (Ulrika, Bogotá, 2008) y Cinema (Venezuela, Bid & Co. Editor, 2012). Poemas suyos han aparecido en diversas revistas y antologías de Colombia, España y México. También publicó la obra de teatro titulada Cuando perros tienen alas en Digital Colletion, University of Cincinnati. Su libro de ensayo Corpus autobiográfico de Julio Cortázar y Alejandra Pizarnik: un acercamiento a la experiencia creadora se publicará próximamente bajo el sello Alción Editora, en Argentina. Fue finalista del VI Certámen Internacional de Poesía Martín García Ramos, 2007, con su primer libro Hotel. Además, ha participado en varios encuentros internacionales y ha colaborado en revistas nacionales y extranjeras, así como en organizaciones para la promoción cultural y literaria. Tiene un doctorado en Literatura Latinoamericana de la Universidad de Cincinnati y actualmente es docente en el College of the Holy Cross de Massachusetts.

Patricia

Mi madre se parece a la luz de este día
que hoy amaneció repentinamente tibio.
El día, como mi madre, demuestra que la vida existe.
Certeza única de estar viva y saberme amada,
parte de ella que se escapó de su vientre
para aventurar en este mundo descalzo, a veces frío y ajeno.
Mi madre brilla como brilla el sol esta mañana
para recordarme que no existe el frío, que no estoy sola,
que nunca lo estaré,
que el día, igual que sus ojos, es bello siempre,
que soy yo una parte suya y es ella mi hogar,
el único al que volveré siempre, del que jamás he partido.
El nombre de mi madre es mi propio nombre
porque yo soy ella y vivo en ella
en sus oraciones y sus cantos, en cada paso de su danza,
en el agua dulce de sus ojos, en su forma perfecta de sonreír.
Mi madre se llama Patricia
 y ya su nombre es un poema.

Raquel Herrero Alverola
(España, Segovia)

Soy escritora, Presidenta en Paladio Arte, Gestora Literaria en El Desván de las Letras, Creadora de Universos Literarios, Creadora de Letras Y Artes, Creadora y Directora de Ecos de la Sierra. Mi mundo gira alrededor de la Poesía y la Palabra.

Hijos

Me quedo con tu dolor
Con tu angustia, con tu miedo
Me quedo con tu amargura,
con tu tristeza, con tu ira
Me quedo con tu desesperanza
Con las lágrimas de tus ojos
Me quedo, con todo el mal que te aqueje.
Pero no puedo hacer más nada.

Te entrego, mi fe, mi valentía, mi arrojo
Te entrego, la llave de mis candados
La fuerza, las ganas de vivir, el valor
La humildad...te entrego el amor,
Mi sonrisa, mi piel, mi carne, mi sangre
Te entrego la vida, mi valor mayor
Porque vivir es un arte.

Lo siento hijo,
Más nada puedo hacer.

Raydel Francisco Pérez
(Cuba)

De Pinar del Río, Cuba, 24 de diciembre de 1975. Narrador, novelista y poeta. Primer Finalista en III Concurso de Novela de Crímenes Medellín Negro 2014 y Finalista en III Concurso para Autores Noveles Manuel Díaz Vargas 2015 con la novela Cucumí no aparece en Internet, la cual ha sido publicada por la editorial Atmósfera Literaria en Madrid. Autor de las Novelas Naughty Amateurs y Exploitation. Cargos: Director de Inversiones en la Sucursal Extrahotelera Palmares S.A y Asesor Literario de la Casa de Cultura "Pedro Junco" en Pinar del Río.

Gabela de un futuro

Yo las vi:
iban solas las abuelas;
arrastrando los pedazos de un futuro
construido con la sangre de sus padres
La ausencia de los hijos en las pestañas,
en la nuca el aliento del barquero.

Yo las vi:
iban solas las abuelas
arrastrando los pedazos de un futuro
Como amargo deliquio de algún sueño
de una vida de amores confundidos
una lastra de espinos farragosos,
una suerte de viaje sin destino

Yo las vi:
iban solas las abuelas.

Rosalí De la Fuente Grimaldo
(México-Tulancingo)

Coeditora de la revista literaria "Hojas sueltas de otoño", en Tulancingo Hgo. edición bimestral 2016-2017. Antologada en: Mujeres Poetas en el País de las Nubes 2017, Tiempo Escarlata Mujeres Poetas en la Cuenca del Papaloapan 2017, Viejas Brujas II Congregación de Poetas 2017, Mujeres Poetas por la Paz 2016. Miembro del taller Creación Literaria en el Centro de las Artes en Pachuca Hidalgo a cargo del poeta Diego José y dos años en Laberito Azul, con Omar Roldán. Promotora Cultural, Nadadora de aguas abiertas.

No se murió, la mataron.
Desaparecida, dice el reporte oficial.

Ese día no llegaste a la Universidad
ni cruzaste el jardín de azucenas para llegar a casa.
El jilguero enmudeció y el gato no deja de maullar tu nombre.

La fotografía sobre la mesa desgarra mi vientre al mirarte
Memoria silenciosa. Plegarias agotadas.
Nunca más escucharé tu voz ni tu risa.

Libros empolvándose. Me ahoga la soledad de la habitación.
Se disuelve la noche en frías sombras entre falsas reliquias.
Aroma a desolación, a pan rancio y enmohecido

Incertidumbre que se enraíza y me carcome día a día.
Mis manos no dejan de temblar en este mar tormentoso.
Resabios de amargura e impotencia, de sal y azufre.

No dejo de buscar tu andar, saber de ti.
El tiempo es regresivo. Cuarenta y dos horas,
dos semanas, tres meses, un año. Existencia sin retorno.

Mi niña...
has dejado de ser tú, eres mariposa en alfileres,
alas negras de muerte. Afonía que amarga y envenena
Te robaron la vida bajo luna ciega y craquelada

Me asaltan interrogantes. Otro mañana ¿para qué?
No logro crear una nueva realidad con tu ausencia
Dimensión insondable. Se marchita la esperanza.

Deambulo por calles que me asfixian en este planeta de odio.
México sin justicia ni equidad, de cómplices silenciosos.
Hija, te apartaron de mí. Te arrebataron el futuro

Nadie escucha, no hay respuestas.
tan sólo mujeres sin edades, ya sin nombre
Maldigo a Dios, a los hombres...
                    a eso que llaman destino.

Recolectora de Pajaros
40×30" – Acrílica-óleo/tela – 2015

Susana Isabel Valle
(Argentina-San Miguel del Monte)

Abogada. Recibió Primeros y Segundos premios a nivel nacional e internacional, en poesía y cuento. Integra antologías municipales a nivel nacional, provincial e internacional, como asimismo en las de Editoriales Privadas. Forma parte de Antología de Grito de Mujer con el poema CLAMEN POR ELLA (convocatoria de Costa Rica). Expuso como poeta y escritora en Jornadas de Psicología del Arte y la Creatividad en la Universidad El Salvador de la Ciudad de Buenos Aires en los años 2013 y 2014 y en otra de estas Jornadas en la Universidad J. F. Kennedy también de la Ciudad de Buenos Aires en el año 2014. Participa en diferentes Encuentros de Poetas y Escritores.

Toda una mujer

Por eso, amiga, dijiste: nos queremos.
Y se abroqueló la historia de madre en soledad.
Reconocer la lucha, aunque invada la fatiga.
Dibujar sonrisas sobre muros inciertos
abrazando a la hija que quiere comprender.
Ser así, toda mujer, no ofrece alternativas.
Lágrimas a borbotones (hoy) asoman vagamente.
Acíbar de silencio que enhebra cualquier día.
Esperar migajas de minutos extensos
en la antesala de una hazaña fugaz.
Hacer añicos el herrumbrado orgullo.
Transitar la arena movediza.
Buscar un vuelo majestuoso,
ese signo (pequeño) que quizá no llegará.
Ser así, toda mujer, no ofrece alternativas.
¿Por qué atorar el amor con tonterías?
Resignar tibieza y noches con sordina.
Atenuar la sed de cada fibra.

Las saetas atraviesan a la niña que juzga
y me reclama, sigilosa, con sutura en las heridas.

Me agobia la lluvia si no estoy enamorada.
Mi ventanal carga un sentimiento gris,
cuando veo el agua, correr, por caminos en cuclillas.

Y empuño una poesía de sal, que no ofrece alternativas
con mis brotes extirpados, sin retoñar en colores.

Peinadora
Acrílica-óleo/tela -61×45" – 2016

Tania Jasso Blancas

(México, Cuernavaca)

Escritora, poeta y editora, nació en México en 1977. Textos suyos aparecen en revistas y periódicos nacionales y extranjeros, así como en distintos medios digitales. Ha colaborado en antologías y compilaciones publicadas en España, Perú, Guatemala, República Dominicana, País Vasco y Paraguay. Ha participado en diversos festivales internacionales. Es directora editorial de la colección Mester de Junglaría de la editorial Eternos Malabares y directora general de Voces Indelebles Editorial Independiente. Ha sido importante promotora cultural y de los derechos de las mujeres. Es autora de los libros Caminar sin sombra (Editorial Eternos Malabares), Tragaluz del tiempo (Letras del Molino), Acusando al silencio (Cascada de Palabras), Merodeos (Biblioteca de las Grandes Naciones, País Vasco 2016) y Poética y brevedad del hipopótamo (Voces Indelebles, 2017).

Te acompaño

Tomando tu mano
te acompaño
en este tuteo con el dolor,
en esta búsqueda que lastima,
en este recorrido de esperanza,
ganándole al miedo
con pasos que se hunden
en arenas de burocracia,
rostro de princesa
tapizando postes y pantallas,
alerta Amber
describiendo su ropa,
desgarrando garganta
de calle en calle
gritando su nombre
evitando el olvido.

Porque tu demanda es la mía
porque tu hija es mi hija
porque descansaremos

cuando ella,
cuando ellas
estén en casa
porque todas son nuestras hijas,
todas nuestras desaparecidas.

Expresión Lineal III
51/2×81/2" – Grafito/papel – 2015

Ticia Zamacona
(México-Ciudad)

De Ciudad de México, 1982. Artista Plástica y Poeta autodidacta. Ha participado en exposiciones grupales y lecturas de poesía. Actualmente forma parte del "Taller Juntaversos" y el taller de grabado en el Centro Cultural Villaurrutia.

Nadie somos en el infierno

Martha; ya no es Martha
cifra de ceniza su nombre
su rostro
su historia.
Tampoco es Carmen Luisa Paola
ningún nombre ajusta a la muerte
ningún nombre ajusta a la justicia
ningún nombre ajusta a la verdad.
Expedientes de sangre crecen
en la desesperanza
el tiempo; es el verdugo
que desaparece los rostros
levantando nuevas cruces
cruces de hormigas
sobre espinas de incertidumbre.
Nadie conoce el camino al asesino
huellas de barro sobre el pantano
que nadie mira
mirar seria
encontrar al niño asustado
prendido de las pupilas de su madre
recogiendo lágrimas de polvo
acariciando a la muerte en cada castigo
en cada gesto
en cada olvido.

El niño; ya no es Pedro.
Tampoco es Luis Pablo Alberto
cifra de ceniza su nombre
su rostro
su historia.
Martha pudo ser la madre de Pedro
Pedro pudo ser el padre del niño.
Nadie somos en el infierno
husmeando en cielo paralelo
ignorando el grito de la semilla.

Victoria Herreros Schenke

(Chile, Ancud)

Desarrolla interés literario desde muy temprana edad, pero comienza a dedicarse de manera profesional a principios del 2016, uniéndose a un colectivo poético, y consagrándose como poeta emergente tras ganar los juegos florales del Carnaval de los Mil Tambores en Valparaíso. Actualmente participa en la revista Puerto Poético, en diversas tertulias literarias, lecturas de poesía, actos culturales, y eventos sociales, a la espera de la publicación de su primer poemario "Beatriz".

Moira

Y mi madre tenía los ojos azules de cielo,
criaba hortensias y plantaba niños
bien enraizados al porvenir,
que a veces se nos viene más encima
que abajo,
y sus maños eran retoños,
y sus palabras brotes y hojas secas,
que nos regaban las vértebras,
para crecer derechos y estoicos,
como un árbol milenario
viendo envejecer los años.
A mi madre la llamaron Moira,
y bautizaron su nacimiento con la muerte,
que no era la propia,
pero se le encadenó umbilicalmente a las entrañas
como un nudo ciego,
aguardando a la última que de ellas naciera.
Por eso, ese día,
sus ojos se azularon más que nunca,
y más que siempre,
aquel en que buscó con la mirada

allá arriba lejos,
a la menor de las hijas,
a pesar de haberla alzado desde un infinito amniótico,
y sostenerla entre sus brazos,
quieta, callada, y absorta.
Desde entonces, se detuvo el futuro ése,
del que tanto nos hablaron,
la tierra se torna placenta que no nutre,
los árboles no son más que frenéticos esqueletos,
y mi madre, tiene los ojos más azules que el cielo.

Recolectora de Pájaros II
Acrílica-óleo-gold leaf/tela -48×40"
– 2016

Yohana Navarrete
(Colombia-Bogotá)

Yohana Navarrete (Bogotá, 1991). Poeta, ensayista y cantante. Profesional en Comunicación Social y Periodismo por la Universidad Los Libertadores. Actualmente es redactora para marcas en medios digitales y consultora en literatura erótica y poesía infantil. Sus blogs (unaviudamas.blogspot.com.co y ritualitos.blogspot.com.co) son sus más grandes obras, donde es leída desde varios países. Tiene en preparación su libro.

Cartas de duelo a Melissa
Primera parte

Del mar sólo queda la marea, esos amores de los que nacen niños sin llanto, sin alma. Esta no es una carta común, es un abrazo. No soy nada buena con las palabras, las uso mal todo el tiempo, le temo al diálogo, al sonido de aquello que jamás comprenderé del amor. Hoy me vi frente al espejo secando lágrimas con absurda delicadeza para no echar a perder el rímel. Vi en estos ojos el dolor de cualquier animal, que sin sentencia ha sido capturado. La calle es una jaula, la oficina su candado, el aire es veneno. ¿Cuántas veces esperamos regresar a las historias sin comienzo? Nos vemos obligados a propiciar espacios inexistentes, a abrazar la esperanza, a convencernos de verdades que parecen frases imposibles. El hastío, el engaño, el depredador. Linda, somos un par de aves, nos han atacado y aun sabiendo aquello nos aferramos a cuidar el nido... vacío. Decimos adiós sin alejarnos, jugamos el juego de los egos, bañamos todo, aunque se desborde de humedad. Permanecemos ahí con la cabeza sobre el filo y todavía la eternidad nos convence. Creemos que jamás vamos a morir, aunque morimos cada noche de frío y en oscuridad. Este cuerpo no tiene forma, es sólo el rayo que se nos grabó en la piel y no hay energía para ser. Es lunes. Si nuestra historia fuese una canción, la cantaría una mujer como Christina, lloraría en la lentitud de sus acordes, rasgaría la voz como imitando a un gato de tejado, abrazaría la niebla simplemente porque no posee más y se iría entre aplausos que no pide. Eso somos hoy lunes, el intento de historias, el temor de existir, la frustración de seguir aquí y no permanecer.

Yolanda Rodríguez Saldaña
(México-Ciudad)

Fundadora del Taller de Poesía de la FES Aragón-UNAM, Lic. en Comunicación con maestría en Pedagogía, actualmente cursa la Especialización en Literatura Mexicana. Profa. Titular en Colegio de Bachilleres. Participante en Encuentros Internacionales de Poesía en varios países. Coordinadora del Taller Rosario de Palabras. Incluida en las antologías: Necesitarse (Perú 2013); Cosecharán Tempestades (2004); Mujeres Poetas en el País de las Nubes (2000); La Jornada Semanal (2001). Poesía inédita.

Al filo del viento

No voy a hablar de cifras, porque no somos un número. No voy a darles un informe de propaganda política. Tampoco voy a invocar a las que han muerto porque aún no descansan. Mi voz es simple, voy a decirme, voy a ser palabra oscura y temblorosa como cuando salgo a las 5:00 de la mañana y mi hija de 15 años se apega a mí para aminorar el miedo. Siento su frágil carnadura expuesta al encomio de la madrugada cuando los perros aúllan por el abandono. En cada esquina siento el filo de la muerte acechando, oigo pasos que corren hacia nosotras y es el viento helado que nos acompaña a esa hora en que el sueño desteje el universo en cada ser que duerme. Caminamos aprisa seis calles hasta llegar a la avenida. Subimos a la combi con incertidumbre, con la angustia de mirar la cara de la muerte a bordo. Dentro todo parece moribundo y la combi asume el fuselaje de un féretro. Ceñidas una a otra, como el fruto a la rama del árbol que lo abarca, vemos amanecer entre la polución del aire y del alma, envueltas en el frío quemante de la mañana.

Son casi dos horas de camino para llegar al colegio y al trabajo. Dos horas de ida y otras dos de vuelta en la oscuridad esta vez, de la noche. Este tiempo se vuelve hielo que cala hasta reventar la piel. No somos dos mujeres caminantes en la oscuridad. Somos todas aquellas que salen, que estudian, que trabajan, que cocinan, que barren que aman, que llorarán, que desaparecen, que matan y que olvidan.

Somos todas en el espejo de la tragedia que nos mide con el filo de la navaja.

Yonnier Torres Rodríguez

(Cuba, Tabasco, México)

De Cuba, 1981. Sociólogo, Poeta y Narrador. Entre sus últimos títulos publicados se encuentran los libros de cuentos "Puntos de luz" (Editorial Áncoras, 2015), "Quinientas formas de morir" (Editorial Reina del Mar, 2017) y las novelas "Cerrar los puños" (Editorial Gente Nueva, 2015) y "Azul pálido" (Ediciones la Luz, 2016). Poemas y cuentos suyos aparecen publicados en revistas, selecciones y antologías tanto nacionales como internacionales.

La intermitencia de los sentidos

(Poema temático alusivo al Festival Grito de Mujer 2018: "Faros de Esperanza" en homenaje a las madres del mundo cuyas hijas son, o han sido víctimas, de la violencia)

Mi madre me enseñó a rezar.
Padre nuestro que estás en los cielos
Los pedazos de luna que alcanzo a ver
a través de las grietas en el techo
se tiñen de un ámbar violeta.
Santificado sea tu nombre
Desde el pasillo llega el sonido de las botas,
el olor de la sangre,
las amargas caricias de la muerte.
Hágase tu voluntad.
Siento el frío de las cadenas
que me atan a la pared
mi piel como roncha redonda,
                    rosada,
la intermitencia de los sentidos,
sus manos como un fierro ardiente,
la vida que termina,
tanto en el cielo como en la tierra.

Grito de Mujer: Concientizando desde la esperanza

Un poco de historia

¿Acaso no es importante tener una voz? Cientos de años han pasado desde que la voz de la mujer finalmente fuera tomada en cuenta como parte vital del desarrollo de nuestras sociedades. Desde entonces, han surgido cientos de movimientos y corrientes feministas que reivindican con sus acciones el invaluable aporte que las mujeres representan y sin lugar a duda, es mucho lo que se ha logrado comparado con otros tiempos. Pero entonces ¿Por qué siguen surgiendo nuevas corrientes de apoyo a las mujeres? ¿Por qué la necesidad de seguir levantando la voz en favor de nuestros derechos? ¿por qué seguimos luchando pese a que el camino ha sido pavimentado literalmente con la sangre de las nuestras? Y aún siguen mudas nuestras voces ante el abuso, a la desigualdad y la violencia.

Desde todos los estratos sociales, es necesario un cambio contundente. La literatura, también debería ser tomada en cuenta. Se requiere una revolución desde la voz de la mujer para poner un alto al silencio, un cambio proveniente desde su propia palabra escrita y hablada. Se requieren no solamente estrategias políticas para general un cambio radical en las leyes; también un cambio desde la conciencia es necesario. El Movimiento Mujeres Poetas Internacional MPI Inc. nacido en el año 2009, en la República Dominicana se trata justamente de eso. De tomar el talento literario de las mujeres para abogar en favor de nuestra causa. Para reivindicar el rol que desde años venimos desempeñando con éxito, y tristemente, con muy poco reconocimiento.

El MPI nace con el fin de ayudar a promover el trabajo de mujeres poetas de talento cuyas letras habían pasado desapercibidas mucho tiempo, ofreciéndoles a través de proyectos colectivos la oportunidad de participar en la escena literaria internacional, oportunidad que, de otro, modo ninguna de ellas habría tenido de no ser por nuestro proyecto.

En el año 2011, el MPI trascendió las fronteras virtuales y nacionales a través del lanzamiento de su Festival Internacional de Poesía y Arte Grito de Mujer. Una cadena de eventos simultáneos llevados a cabo durante todo el mes de marzo de cada año por las propias poetas participantes sumadas al movimiento, quienes se estrenaron como líderes y gestoras culturales dentro de sus ciudades, celebrando actos culturales para animar a otras mujeres poetas a formar parte de una causa tangible, fuera de las redes, como forma de hacer valer nuestra voz y nuestros derechos. El objetivo primordial era promover la poesía femenina, y proyectar a mujeres con talento literario en Latinoamérica. Luego se sumaron las voces de las artistas y en tan solo un año, se amplió la cobertura del proyecto a todo el mundo, agregando además la participación de caballeros solidarios que desde el inicio se sumaron en apoyo de nuestra misión social, como activos colaboradores de la causa.

A raíz de la muerte de la poeta Mexicana Susana Chávez por levantar su voz en favor de los feminicidios en Ciudad Juárez, y dos meses antes de su primera emisión, El Festival Grito de Mujer adoptó la voz poética de las mujeres como medio para compartir la responsabilidad social que nos corresponde como escritoras para enviar mensajes de autoestima, respeto y cero tolerancia contra la violencia hacia las mujeres en sus diversas manifestaciones. Abordando temas diferentes cada año:

-En el 2011, Homenaje a Susana Chávez. El primer festival que se llevó a cabo contó con la participación de 17 países, celebrando 44 eventos en Latinoamérica y Europa.

-En 2012, se tradujo y amplió la convocatoria en 7 idiomas, conseguimos 30 países, duplicando los eventos de 44 a 95 abarcando los 5 continentes.

-En 2013 se realizó Grito de Mujer en 34 países en homenaje a la Pakistaní Malala Yousafzai. Con más de 100 eventos realizados.

-En 2014, ¡Somos Heroínas! Homenaje a las Heroínas Patrias de distintos países. 37 países y más de 150 eventos realizados.

-En 2015 Mujeres de Luz, parte de la cadena del Año Internacional de la Luz por la UNESCO, homenaje a las Hermanas Mirabal. Con 200 eventos realizados en unos 41 países del mundo.

-En 2016 homenaje a la Iraní Soraya Manutcheri, muerta por lapidación con el tema «Flores del Desierto» contra las antiguas formas de maltrato hacia la mujer como la lapidación, los ataques con ácido, los crímenes de honor, entre otras.

-En el año 2017 honramos a todas las niñas del mundo, y abogamos contra el abuso, la prostitución y la explotación infantil con el lema: "Un grito de libertad".

-Este año 2018 somos "Faros de Esperanza" honrando el rol de las madres como guías de los hijos e hijas en una vida llena de valores y libre de violencia. Al igual que las madres que han perdido a sus hijas fruto de la misma.

A la fecha, Grito de Mujer ha sido acogido en más de 70 países, celebrando más de 700 eventos en todo el mundo. Grito de Mujer se ha convertido en una plataforma no solo para mujeres talentosas, sino que tiene también un sentido, un propósito que une a ambos sexos en una misión social de voluntades, por una causa que nos trasciende. Grito de Mujer nos permite contribuir con nuestro talento a la ardua lucha que se lleva a cabo en todo el mundo contra de la violencia y en favor de los derechos de las mujeres. De alguna manera nos gusta pensar que llevamos un mensaje de liberación, que ayuda a la gente a unirse y las concientiza desde la esperanza.

"Mi Grito, es una voz de mujer rompiendo el silencio". **Jael Uribe**

Más detalles sobre Grito de Mujer visitando su página
www.gritodemujer.com
Conoce la marca Grito
de Mujer en
www.gritodemujer.org

Sobre Yan Páez

Nace en la ciudad de Montecristi, República Dominicana, en el año 1986. A la edad 4 años se traslada a la provincia Monseñor Nouel, (Bonao). Desde muy temprana edad sentía la vocación por las artes, y es a los 11 años que ingresa al Centro de Artes Plaza de la Cultura de Bonao. Liderada en su momento por uno de los maestros más destacados de la plástica dominicana, Cándido Bidó, en el área de creatividad infantil. A los 13 años ingresa al área de adulto donde comienza formalmente sus estudios de artes visuales a nivel profesional. Egresa de dicho centro en el 2003. Realiza diplomado en educación artística en la Universidad Católica Tecnológica del Cibao (UCATECI) de la ciudad de La vega. Actualmente es profesor en el Centro de Artes Plaza de la Cultura de Bonao.

Yan Páez en la actualidad es un activo colaborador de la causa Grito de Mujer, y de otras causas en favor de la mujer como la Fundación Caribbean Women Fundation. Ha trabajado con la destacada diseñadora de moda dominicana Marisol Henríquez, en el diseño de textil para el Fashion Week, en el 2013, y algunas de las piezas diseñadas en la actualidad. Colabora con otros proyectos visuales de interés.

Concepto del artista sobre su obra

En los trabajos que realizo a nivel de arte plástica en la pintura, represento desde mi percepción, la esencia viva y a la vez misteriosa del ser humano; principalmente el de la mujer. Ella se convierte en un discurso en mis lienzos, al ser parte de todos los aspectos de nuestra existencia, llego a personificarla en seres de leyenda y de la mitología universal, como las Ninfas, las Hadas, entre otras. En muchas piezas trato la exaltación de la divinidad, del mito, y de la belleza, que representan símbolos estéticos de la subsistencia, en el plano espiritual y terrenal de la humanidad.

Cada obra es un discurso permeado de femineidad, como fuente inspiradora y motora, que sostiene el lenguaje de la existencia. La magia y la fantasía envuelven los escenarios plasmados de Evas, conjugados en la naturaleza expresan equilibrio con el entorno que nos rodea.

La alta gama de colores cálidos y fuertes; es lo que nos identifica y representa como Caribe, visualmente nuestra tierra es cálida al igual que su flora y fauna, ofreciendo así un sin número de espacios y composiciones que permiten jugar con la percepción de lo real y de lo imaginario. La variedad cromática es un reflejo de mi interior materializado en color y forma, dando fuerza y expresividad a mis obras. En este sentido, el bodegón, la figuración humana y muy pocas veces la abstracción, son los fuertes de mi propuesta.

Cada obra o serie, se fundamenta e inspira en circunstancias de la vida, por eso los cambios de conceptos en diferentes piezas, esto es también gracias a la misma depuración técnica que va dando el taller a través de la investigación y de la praxis. La investigación y los experimentos son elementos que va enriqueciendo la obra de arte, así como el propio discurso conceptual del artista, además de lo que vive personalmente. En su proceso, las obras van creando en mí una expectativa y curiosidad inexplicable, pues no sé con exactitud cuál será el resultado final, ya que cada una va sugiriendo su tratamiento y es una comunicación íntima entre la obra y yo, entre lo que pienso y en lo que debería ser. La pintura es comunicación y expresión del espíritu humano, pero eso que se expresa y comunica tiene su propio lenguaje; que al final define toda obra de arte.

Exposiciones Individuales

2009- Ninfas de la Mar Sonora, Galería de Arte Joven, Bonao, R.D.
2011- Fantasía de la Memoria, Galería de Arte Joven, Bonao, R.D.
2013- Deidades del Caribe, Galería Guatíbiri, San Juan, Puerto Rico.
2014 – Mujeres del Caribe, Galería Mesa Fine Art, Santo Domingo. RD
2014 – Natura Surreal, Galería Guatíbiri, San Juan, Puerto Rico.
2017 – Antología de mi Femineidad, Pabellón Ministerio de Turismo, Jarabacoa, R.D

Exposiciones Colectivas

2000- Expo- Itinerante Pinceladas al Campo, Instituto Agrario Dominicano (IAD), (Mención de Honor), Santiago – Bonao, R.D.
2001- Pintura Joven, Casa de Teatro. Santo Domingo, R.D.
2002- Instalación El Apagón, Plaza de la Cultura de Bonao, R.D.
2003- Instalación Crucifixión de Jesucristo, Plaza de la Cultura de Bonao, R. D.
2004- Premio Pintura Joven, Casa de Teatro, Santo Domingo, R.D.
2006- Grafía Bonao, Museo Cándido Bidó, Bonao. R.D
2006- Junta Agro Empresarial, Santo Domingo. R.D.
2007- Héroes Latinoamericanos, Embajada de Venezuela, Santo Domingo, R.D.
2007- Artistas de Bonao, gobernación provincial de Salcedo, R.D.
2007- Ocho de Bonao, Ministerio de Cultura, Sala Ramón Oviedo, Santo Domingo, R.D.
2007- Junta Agro Empresarial, Santo Domingo, R.D.
2008- Expo- Itinerante Bonao Tierra de Colores, Embajada de Francia, Santo Domingo, R.D.

2010- Spectrum, G-20 Lounge Restaurant, Oasis Mall, Bonao, R.D.
2011- Los Valores, Palacio de Bellas Artes, Santo Domingo, R.D.
2012- Expo- Itinerante Equipaje Compartido, Galería Guatíbiri, San Juan, Puerto Rico, Galería Nacional de Bellas Artes, R.D
2013- Ladrillos de Oro, Venue Ganesha Outdoor Room, New York, Estados Unidos.
2015- Antología Azul, Expo Itinerante, Galería Guatíbiri, San Juan, Puerto Rico, Museo Cándido Bidó, Bonao R.D.

Puede conocer más del artista Yan Páez en sus redes sociales, o visitando su página web www.yanpaez.com

Primera Edición Antología Muñecas
Editorial Rosado Fuscia
República Dominicana
Febrero **2018**

www.ingramcontent.com/pod-product-compliance
Lightning Source LLC
Chambersburg PA
CBHW031851090426
42741CB00005B/443